하룻밤에 읽는

Useful Day by Day Philosophy

# 서양철학

KENJA NO SHISO GA YOKU WAKARU HON [SEIYO NO SHISOKA HEN]

© 2001 Akinari Tomasu
First published in Japan in 2001 by KADOKAWA CORPORATION, Tokyo.
Korean translation rights arranged with KADOKAWA CORPORATION, Tokyo
through TOHAN CORPORATION, Tokyo., and Shinwon Agency Co,, Seoul.

쉽게 읽고 깊게 사유하는 지혜로운 시간

# 하룻밤에 읽는

## Useful Day by Day Philosophy

# 서양철학

토마스 아키나리 지음 | 오근영 옮김

RHK
알에이치코리아

# 철학은 삶의 고민을 비추는 거울이 된다

우리는 아침에 일어나서 밤에 잠자리에 들기까지, 주위에서 일어나는 잡다한 일에 쫓기며 살아갑니다. 대부분의 일들은 지금까지의 경험을 토대로 처리할 수 있지만 때로는 몸에 밴 관성으로 해결할 수 없는 상황에 부딪히기도 합니다. 그런 곤경에 처했을 때 우리는 어떻게 대처해야 할까요?

자동차 보험에 가입하지 않고 운전하는 사람은 없습니다. 그러나 마음의 보험을 갖추고 살아가는 사람은 많지 않습니다.

지장이 없을 때는 깊게 고민하지 않고 살다가 막상 곤경에 처해서야 비로소 인생의 의미를 깊게 생각하는 존재가 인간입니다. 그때 불평만 늘어놓고 상황에 대한 정확한 해결책을 전혀 떠올리지 못한다면 이미 때는 늦은 것이라 할 수 있습니다.

누군가에게 고민을 털어놓고 상담하는 것도 하나의 방법입니다. 그러나 매번 남에게 의지할 수는 없습니다. 그 사람 또한 자신의 많은 고민으로 당신의 고민을 들어줄 여유가 없을 수도 있기 때문입니다.

자신의 고민은 스스로 해결하는 수밖에 없습니다. 그러기 위해서는 유사시를 대비하여 자기 마음속에 안전장치를 만들어둘 필요가 있습니다. 안전장치란 고민이 발생하면 동시에 그 원인을 밝혀내고 원인을 제거해줄 수 있는 시스템입니다. 이것이 완비되면 친구에게 불평을 털어놓기 위해 전화를 걸거나 장황하게 하소연을 늘어놓는 수고를 줄일 수 있습니다.

우리는 지금 당장 마음속에 안전장치를 완벽하게 갖춰야 합니다. 고민은 밖에서 오는 것이 아니라, 내 마음과 생각이 만들어내는 것입니다. 그렇다면 스스로 생각하는 노력을 통해 그것을 능동적으로 해소해야 하지 않을까요? 그러기 위해 도움이 되는 것이 바로 철학입니다. 이 책의 목적은 단순합니다. 깊게 고민할 때 그 고민을 잘 살필 수 있는 거울, 해결할 수 있는 도구 같은 철학을 당신에게 제시하는 것입니다.

인생에 대해 생각하는 데 흥미가 있는 분이라면 고대에서 현대에 이르기까지의 철학가들의 생각을 시대 순으로 탐구해보라고 권하고 싶습니다. 또한 일에서 만나는 문제를 해결하기 위한 노하우를 얻고 싶다면 해당되는 항목부터 읽기 시작하는 것도 방법입니다. 이처럼 이 책은 용도에 따라 활용하기 좋은 사고의 틀을 제공하려 노력했습니다.

　모쪼록 이 책을 옆에 두고 배우며, 활용하며 읽어봅시다. 서양의 사상가들이 3천 년 동안 도출해낸 성과를 일상에서 마주하는 것들에 응용해보세요. 그럴 때 지금까지 '난해하고 어려울 것 같은' '추상적이고 실제로 도움이 되지 않을 것 같은' 철학이 사실 우리 삶에 넓게 펴져 있음을, 인생의 걸림돌을 극복할 유용한 지침임을 실감하게 될 것입니다. 이 책을 통해 현자賢者의 생각을 자기 것으로 만들어 당신을 당혹스럽게 하는 다양한 문제들을 스스로의 힘으로 거침없이 헤쳐나갈 수 있기를 바랍니다.


토마스 아키나리

# 1장 사색하는 사람의 기원 _고대 · 중세 사상

## 1 소크라테스 : 윤리적 주지주의
### 올바른 것을 가장 먼저 고민하다

## 2 플라톤 · 아리스토텔레스 : 이데아론, 형이상학
### 본질과 바깥을 구분 짓다

## 3 예수 그리스도 · 바울 : 유대교, 그리스도교
### 타인을 대하는 한없이 착한 마음

## 2장 신을 파헤치는 사람들 _근대 사상

# 1장

# 사색하는 사람의 기원

_ 고대 · 중세 사상

# 1

# 소크라테스
## Socrates
### 윤리적 주지주의

---

올바른 것을
가장 먼저 고민하다

# 절대적 진실은 없다는 진실

소피스트

소피스트sophistes는 원래 '현명한 사람'이라는 뜻을 가진 말이었다. 기원전 5세기 후반, 사람들을 찾아다니면서 지식을 전수하고 사례를 받던 일군의 사람들을 가리킨다. 정치, 법률, 음악, 문학, 철학, 변론술 등 사회 전반에 대한 것들을 가르쳤다.

우리는 가끔 '진실이란 무엇일까'라는 질문으로 스스로를 괴롭힌다. 다양한 사람들이 서로의 주장을 내세우며 제각기 자신이 옳다고 믿지만, 털끝만큼의 의심도 없었던 그 주장은 소소한 일을 계기로 사실은 착각이었음이 드러나기도 한다. 그렇다면 이 세상에 진실이라는 건 없는 걸까? 무엇이 옳고 그른 것인지 미리 알 수는 없을까?

사실 아주 오래 전, 고대 그리스의 사람들도 이와 비슷한 문제로 고민을 했다. 고대 그리스 사회를 구성하는 단위는 폴리스$^{Polis}$였는데, 폴리스에는 '나는 나, 너는 너'라는 태도가 만연해 있었다. 이러한 사고방식을 '상대주의'라고 한다. 상대주의에 의하면 진실은 각자의 내면에만, 한 사람의 마음속에만 있을 뿐이다.

이는 우리 일상 속에서도 찾아볼 수 있다. 지하철 안에서 핸드폰으로 쇼핑하는 것도 자유, 바닥에 주저앉는 것도 자유, 학교에 가는 것도, 수업을 빼먹는 것도 자유다. 이것은 내가 지금 느끼고 있는 것이 가장 옳고, 다른 사람은 그것을 이해할 수 없기 때문에 사람은 각자 자기가 좋을 대로 행동해도 상관없다는 생각이다.

소피스트 중 한 사람인 프로타고라스$^{Protgoras}$는 '만물의 척도는 인간이다'라고 주장했다. 당시엔 세상을 크게 자연$^{physis}$과 제도$^{nomos}$로 나누어 생각했다. 그러나 상대주의의 입장에서 보면 자연은 이미 정해져 있기 때문에 인간이 바꿀 수 없지만, 제도는 인간이 정한 것이므로 진실이라 단정짓기에는 어렵다고 해석했다.

해가 뜨고 지는 것은 이미 정해져 있는, 인간이 바꿀 수 없는 일이다. 하지만 '빚은 갚아야만 한다'라는 것은 인간이 정한 규칙이므로 어떻게든 자신이 원하는 대로 뒤틀 수 있다. 자연법칙은 절대적인 것이지만 인간이 정한 규칙은 인간에게만 통한다. 원하는 상태로 바꾸고 싶다면 교묘하게 구실을 내세워 상대를 설득해 불리한 재판에서도 이길 수 있다. 실제로 소피스트 중에는 그런 목적으로 이러한 논법을 이용한 사람도 있다.

　상대주의는 '사람이 제각기 갖는 감각은 제각각 올바르다'라는 원리를 근거로 하고 있다. 어떤 사람이 자신의 입장에서 아름답다고 느끼는 것은, 그 사람 내면에서는 분명 아름다운 존재이므로 타인이 느끼는 아름다움과 비교해서는 안 된다. 마찬가지로 개인이 어떤 대상을 보고 옳다고 여기는 것은 스스로가 정한 기준에 그 대상이 벗어나지 않고 올바르기 때문이다. 따라서 상대주의의 논리를 살펴보면 '누구나 다 옳다고 느끼는 것은 어디에도 없다'는 결론에 이른다.

　잘 살펴보면 상대주의는 개인을 누구보다 중요하게 생각하는 오늘날의 사고방식과 많이 닮아 있다. 흔히 '요즘 젊은이들은 하나같이 너무 제멋대로'라고 한다. 하지만 그것은 사회가 정한 기준들보다 그들이 직접 느끼는 진실을 우선하고 있기 때문이다. 그들은 객관적인 진실보다 자기 내면의 쾌적함을 중시한다.

　그런데 혹시 여러분 주위에 '그런 일은 절대 용납할 수 없어'라며 젊은이를 야단치는 나이 지긋한 '아저씨'는 없는가? 사실 그리스 시대에도 '사람은 다 제각각이라는 생각은 좋지 않아'라고 청소년들에게 설교를 하고 다니는 어른이 있었다. 바로 소크라테스였다.

# 모르는 것을 통해 아는 법

산파술과 무지의 지

소크라테스의 대화에서 쓰인 문답 형식의 논리 도출을 문답법dialektike, 또는 산파술産婆術이라고 한다. 서로 다른 것 중에서 공통점을 찾아내어 정리하고, 정리한 것 가운데 차이를 발견하여 구별한다. 대화에 의해 일상적인 착각 doxa으로부터 진정한 지식episteme에 이를 수 있다는 결론으로, 이는 무지無知 의 지知 로도 불린다.

한밤 중 아슬아슬하게 막차를 타면 술이 거하게 취한 아저씨가 사람들에게 다가와서 잘 알아듣지도 못할 설교를 해대는 장면을 가끔 볼 수 있다. 그 정도까지는 아니었겠지만, 소크라테스 역시 청 년들을 상대로 정의는 무엇인지, 선善이라는 것은 어떤 건지 적극적 으로 자신의 질문을 쏟아내듯 물어보곤 했다.

소크라테스의 방식은 '문답법'이라 불리는 것으로 사실 설교와는 맥락이 좀 다르다. 설교는 자기 생각을 일방적으로 강요하려는 경향이 있다. 소크라테스는 인간은 누구나 무엇이 옳고 무엇이 잘못되었는지를 처음부터 알고 있다고 생각했다. 문답을 되풀이하다 보면 상대의 내면에 있는 진실한 대답이 저절로 드러나게 된다는 것이다. 문답법은 대화를 통해 진실을 창출한다는 의미에서 산파술이라고도 불린다.

소크라테스의 대화법은 다음과 같이 전개된다.

① 대화자가 어떤 사실 A를 주장한다.
② 소크라테스는 사실 A에 대해 직접적으로 논박하지 않고 다른 주장 B, C, ……를 제시하며 대화자로부터 동의를 얻어나간다.
③ 대화자가 동의한 주장 B, C, ……에서 대화자가 맨 처음에 주장했던 사실 A를 부정하는 명제를 이끌어낸다.

이렇게 '무지의 지'를 밝혀낼 수 있다.

아직도 이해가 잘 안 된다면, 구체적인 예를 통해 이해해보자. 소피스트인 고르기아스Gorgias는 '자신이 부정한 행위를 하는 것이 다른 사람으로부터 부정한 행위를 당하는 것보다 좋다'라고 말했다.

① A: '부정을 행하는 것은 부정한 행위를 당하는 것보다 해가 되지 않는다.'

분명 이 견해에 대해서는 저절로 고개가 끄덕여질 것이다. 속아 넘어가는 것보다 속이는 편이 입는 피해가 적다. 괴로움을 당하는 것보다 괴롭히는 주체가 되는 것이 덜 해롭다. 여기까지는 납득할 수 있다. 하지만 아무래도 그 선택이 썩 개운치만은 않다. 가능하다 면 이런 사고방식으로 타인을 대하고 싶지 않을 것이다.

소크라테스는 이에 대해 즉시 부정하지 않고 우선 다음과 같은 질문을 던진다.

② B: '부정한 행위를 하는 것은 당하는 것보다 추하다.'

부정은 그 자체가 추한 행위라는 것이다. 자, 이제 소크라테스는 질문을 계속한다.

③ C: '더욱 추한 것은 더욱 해가 된다.'

남을 괴롭히는 일은 분명 옳지 못한, 추한 행동이다. 그리고 '추 하다'는 말 자체를 잘 생각해보면, 스스로에게 해를 입히는 것과 같 은 의미다. 남을 괴롭히다 보면 그 사람은 언젠가 자신의 추함을 깨 닫고 괴로워할 때가 온다.

이러한 문답을 되풀이하면서 소크라테스는 마지막으로 다음과 같은 결론을 이끌어낸다.

④ 그러므로 부정한 행위를 하는 것은 부정한 행위를 당하는 것 보다 해가 된다.

들어보면 들어볼 만한, 상당히 괜찮은 논리로 자신의 의견을 드러내고 있다. 상대의 주장을 정면으로 부정하지 않으면서 먼저 이면을 파고든 다음, ②의 단계에서 상대에게 몇 가지 전제에 대해 동의하도록 의도해 상대의 급소를 장악해놓고, 상대가 스스로 진실한 결론을 이끌어내게끔 만든다. 이처럼 '누구나 인정할 수 있는 옳은 것'을 객관적 진리라 부른다.

소크라테스는 사람이 어떤 테마에 대해 대화(질문과 대답)를 해나가면 반드시 '누구나 인정할 수 있는 옳은 것'에 도달한다고 생각했다. 인간이 로고스$^{logos}$(논리·이상·언어 등 근원적 질서)를 구사하면서 시행착오를 거듭하다 보면 최종적으로 모두가 똑같은 하나의 결론(객관적·보편적 진리)에 도달한다는 것이다. 이러한 입장에서는 이성을 신뢰하는 자세를 엿볼 수 있다. 소크라테스의 '이성 중시' 입장은 이후의 유럽 철학사를 관통하는 중요한 개념이다.

# 선을 알아야 선할 수 있다

앎과 삶을 같게, 주지주의

---

아는 대로 행동하는 것, 옳다고 생각하는 대로 실천하는 것을 지덕합일, 지
행합일知德合一, 知行合一이라고 한다. 참된 지知가 있으면 반드시 덕德이라는 옳
은 행위에 이끌린다는 사고방식으로 소크라테스는 부정한 행위를 하는 사람
은 모두 지와 덕을 잘못된 방식으로 행하고 있다고 생각했다.

앞서 말한 상대주의의 입장에서 보면 소크라테스는 '반反상대주
의자'였다. 옳음의 기준은 사람 각자에게 있다고 생각했던 상대주
의와는 달리, 소크라테스는 인간은 누구나 옳은 일을 행할 능력을
저마다 갖고 태어난다고 생각했다.

그럼에도 불구하고 사람은 왜 타인에게 나쁘게 행동하고 범죄를
저지르는 것일까? 이 점이 소크라테스의 입장에서는 납득할 수 없

는 부분이었다. 그러나 소크라테스는 그 모순에 대답할 준비를 하고 있다. '덕德은 지知'라고.

소크라테스의 '덕'이란 '옳은 것'이라고 바꿔 말할 수 있다. 소크라테스는 옳은 것은 옳은 지식에서 나온다고 봤다. 이 생각을 토대로 생각을 해보면 진짜 나쁜 행위를 하는 사람은 그것이 나쁜 짓임을 알지 못한다는 의미가 된다.

실제로 범죄자 중에는 경찰서에 불려 다니는 상황이 되고 나서야 비로소 자신이 한 일이 나쁜 짓임을 깨닫는 사람이 많다고 한다. 이 사실은 소크라테스의 대답이 옳았음을 증명한다고 할 수 있다.

자녀를 기르듯이 자신의 혼魂을 올바르게 키우는 것, 혼을 보살피는 것(혼에 대한 배려)을 통해 선악에 대한 판단의 기준이 서게 된다고 생각한 소크라테스는 나아가 이렇게 설파했다. '지식과 행동은 일치한다.' 그렇기 때문에 선악에 대한 올바른 지식을 갖는 것이 중요하며, 이를 위해서는 '덕에 대해 논의하고 음미하는', 즉 철학을 실천하는 것이 필요하다고 생각했다.

하룻밤에 읽는 서양철학

# 영혼을 살필 줄 아는 자의 죽음

'악법도 법이다'라는 유명한 말을 남기고 소크라테스는 자신에게 내려진 독약을 마신다. 민주정의 폭정으로 안타깝게 목숨을 잃은 소크라테스를 본 플라톤은 정치가가 되려던 꿈을 접고 사상가가 된다.

소크라테스가 말한 '혼에 대한 배려'는 사람들의 귀에까지 가닿았을까? 사실 완전하게 도달하지는 못했다. 덕을 연마하는 것을 행복이라고 생각하는 사람이 적었기 때문이다. 그뿐 아니라 소크라테스는 청년들을 미혹시키고 그리스의 신이 아닌 다른 신을 믿게 하려 했다는 이유로 정부에 의해 재판에 회부되어 사형을 언도받았다(이때의 모습은 플라톤의 《소크라테스의 변명》에 자세히 나와 있다).

사형이 선고된 시점에, 사실 그는 국외로 도망가면 되었다. 당시 그리스에서는 사형선고를 받으면 국외로 도망치는 것이 당연했다. 그러나 소크라테스는 도망가지 않고 '악법도 법'이라며 형을 받아 들였다. 사형 방법은 오늘날과 같은 가스실이나 전기의자가 아닌, 독이 든 잔을 스스로 마시는 것이었다.

소크라테스는 평소에 늘, 철학은 혼을 보살피는 것이며 이는 죽음에 대한 훈련이라고 말했다. 때문에 많은 제자가 슬퍼하는 가운데, 자신은 이제야 비로소 감옥과도 같은 육체에서 해방되어 죽음이라는 자유로운 경지로 날개를 펼칠 수 있다며 오히려 제자들을 위로하기도 했다. 소크라테스는 이성의 힘으로 죽음의 공포를 극복하고 마지막까지 이성과 진실을 신뢰한 철학자였다.

하룻밤에 읽는 서양철학

# 남을 다치게 했을 때 다치는 곳

다이모니온daimonion은 소크라테스가 내면의 신이라고 말한 것으로, 마음속에서 양심을 지키라고 이야기하는 영적인 존재다. 소크라테스는 다이모니온을 모두가 가지고 태어나는 선천적인 것으로 봤다.

전에 어떤 소년이 텔레비전 인터뷰에서 '누구든지 귀찮게 굴면 찔러버린다. 찔러버리는 것이 제일 빠르다. 내 나이에는 사람을 찔러도 경찰에게 잡히지 않으니까'라고 말하는 것을 보았다. 그에게 가해지는 형벌이 없다고 해서 그는 진짜 아무런 불이익을 받지 않는 것일까?

소크라테스는 부정한 행위가 왜 타인보다도 자신을 해치는 결과가 되는지를 설명한다. 그것은 바로 부정한 행위를 하는 사람의 내면에 존재하는 어떤 것을 파괴하기 때문이다. 그렇다면 남을 다치게 할 때 다치게 되는 '그것'은 무엇일까?

소크라테스에게는 평소처럼 행동하다가 갑자기 멈춰 서서 꼿꼿한 자세로 몇 시간을 꼼짝 않는 기이한 버릇이 있었다. 그는 그때 무엇을 생각하고 있었을까? 마음 깊은 곳에서 이야기를 걸어오는 선한 영(다이모니온)과 이야기를 나누고 있었을 것이다. 그 영은 선한 이야기밖에 하지 않았다고 한다. 그것은 소크라테스의 '양심'의 목소리였는지도 모른다.

옳지 않은 행동을 저질렀을 때 파괴되는 내면의 존재란 아마 '양심'이라고 할 수 있을 것이다. 우리 모두는 이미 느껴봤을 수도 있고, 언젠가 몸소 느끼는 순간이 올 수도 있다. 직접 겪어보지 않고서는 이 존재를 이해하기 어렵다.

하룻밤에 읽는 서양철학

# 2

# 플라톤·아리스토텔레스
## Plato · Aristoteles

이데아론, 형이상학

본질과 바깥을
구분 짓다

# 지나칠 것을 지나치지 않는 것

사색과 자연철학

아르케arche는 세계의 원리, 시원, 근거 등의 의미를 지닌 단어다. 변하지 않는 것을 뜻하는 말로 자연현상이나 물질 등을 아르케로 정의했다. 그중 변하지 않는 것과 변하는 것을 모두 포섭한 주장을 제시한 사람이 바로 플라톤이다.

우리는 매일 무엇을 생각하며 살고 있을까? 친구에 대해, 연인에 대해, 학교 또는 회사에서의 문제, 아무튼 뭔가 즐거운 일⋯ 우리가 생각하는 주제들은 대체로 몇 가지 유형이 정해져 있다. 블록 쌓기를 생각해보면 쉽다. 하나의 규격 안에서 조합만 다양하게 바꿔나갈 뿐이다. 가끔 인생이 다람쥐 쳇바퀴 돌듯 같은 것들만 보고 듣는다는 생각이 들곤 한다. 뭔가 좀더 재미있는 일은 없는지 사람들은 두리번거리거나 주변을 들춰보기도 한다.

여기서 철학이 등장한다. 철학의 역할은 지금까지 생각도 하지 못했던 당연한 현실에 사고의 칼날을 들이대고, 때로는 상식을 초월한 논리를 가져와 전혀 새로운 관점을 제시하는 데 있다.

철학적인 사색이 사실 대단한 것은 아니다. 예를 들면 특별할 게 없는 빨간 꽃을 보고 빨간색에 대해 생각해보는 것, 이 또한 훌륭한 철학적 실천이다. 눈앞에 있는 꽃은 이윽고 시들어 없어진다. 하지만 당신은 이후에 어딘가에서 또 다른 형태의 빨간색을 만나게 되면(예를 들어 붉으락푸르락 달아오른 직장 상사의 안색을 본다면) 그 꽃을 떠올릴 것이다.

그렇다면 사라진 빨간색은 어디로 간 걸까? 빨간색은 왜 다른 장소에서 또 다른 형태로 나타나게 된 걸까? 요컨대 변화, 변태란 무엇일까?

소크라테스 이전의 철학자들은 이 변화에 대해 골머리를 앓았다. 자연철학자라 불리는 사람들이 바로 그들이다. '만물의 근원은 물이다'라고 말한 탈레스Thales의 주장에서부터 자연철학자들은 이 변화하는 세계의 깊은 내면에 있는 변화하지 않는 것으로서의 '근원(아르케)'을 상정했다. 그리고 이 원리로 세계 전체를 설명하려고 했다. 변하지 않는 존재가 있다는 생각은 모든 것이 변화한다는 생각과 정면으로 대립한다.

변화하는 현상과 변하지 않는 원리, 이 양쪽 입장을 모두 아우른 사람이 바로 플라톤이다. 플라톤에 의하면 현상세계 안에 있는 빨간색이 사라져도 다른 빨간색이 나타나는 것은, 빨간색의 근원이 되는 존재가 현실에서 떨어진 다른 어딘가에 있기 때문이다. 빨간색에서 좀더 사고를 확장해보자. 색뿐만 아니라 지금 눈에 보이는 모든 것에는 원형이 있다. 그 원형이 있기 때문에 생성과 소멸을 되풀이하는 이 세계에 일정한 질서가 유지된다고 플라톤은 생각했다.

# 절대적 기준은 이 세상 밖에 있다

지금 있는 이곳 너머, 이데아

플라톤은 우리가 현재 살고 있는 현상계現象界를 초월한 비물체적인, 보편·완전·불변·영원한 참실재真實在로 이데아idea라는 관념을 제시했다. 이데아는 감각, 지각의 대상이 아닌 이성적 인식의 대상이다. 우리가 감각을 통해 느끼는 것들은 모두 이데아를 원형으로 하는 그 모조품이며, 이데아를 나눠가지는 형태로 존재한다고 봤다.

상대적인 세계를 초월한 곳 어딘가에 있는, 변하지 않는 절대적인 존재. 플라톤은 이것을 이데아라 불렀다. 그의 생각을 단순하게 정리하면 현실에 존재하는 책상은, 책상이라는 이데아를 나누어 갖고 있기 때문에 비로소 책상이라는 이야기다. 소에게는 소의 이데아, 새에게는 새의 이데아라는 것이 있듯이 보이는 모든 물체의 배후에는 이데아가 존재한다. '이것은 ○○이다'의 술어 부분에 해당하는 ○○은 모두 이데아다.

그렇다면 이데아는 어디에 있는 걸까? 그것은 우리가 살고 있는 세계를 초월한 이데아계英知界에 있다고 플라톤은 설명한다. 그렇기 때문에 우리는 이데아 자체를 직접 보거나 만질 수는 없다. 모든 감각적 사물에는 진정한 이데아의 근사치가 부여되어 있을 뿐이라는 것이다. 그래서 우리는 완전한 삼각형을 손으로 그릴 수는 없어도 이성적인 능력으로는 완전한 삼각형을 머릿속에 그릴 수 있다.

나아가 플라톤은 소크라테스가 추구하던 선善, 정의 등의 객관적 진리 역시 감각으로 차 있는 일상을 초월한 다른 곳에 절대 기준인 이데아로 존재하고 있다고 생각했다. 이처럼 소크라테스가 요청한 '절대로 옳은 것=진리'는 이데아계의 이데아로까지 올라왔다.

이데아론만 있으면, 예를 들어 좀도둑질을 하는 사람의 잘못도 논리적으로 꾸짖을 수 있다. '좀도둑질을 하는 건 악이다. 왜냐하면 절대적인 기준으로서의 선의 이데아가 있기 때문'이라고 하면 된다 (이 말을 좀도둑이 알아들을 것이라고는 장담할 수 없지만).

'왜 남의 물건을 훔쳐서는 안 되는가' '왜 사람을 죽여서는 안 되는가'에 대한 답은 '사람들마다 가지고 있는 상대적인 기준을 떠나 절대적인 기준, 바로 선의 이데아가 반드시 존재하기 때문이다'라고 설명된다.

그런데 우리는 어떻게 해서 감각으로는 파악하지 못하는 이데아를 존재한다고 생각할 수 있을까? 플라톤에 의하면 그것은 이성의 힘에 의해서다. 우리는 이데아가 주는 영향(이성으로 그것을 파악함)

하룻밤에 읽는 서양철학

을 통해 올바른 삶을 살 수 있다.

플라톤의 생각을 더듬어가다 보면 지극히 당연한 일상으로부터 전혀 당연하지 않은 이데아라는 신비한 존재를 마주할 수 있다. 이데아를 알기 위해서는 의자에 앉아 생각만 하면 된다. 돈도 들지 않는다. 그러나 이성적 사고를 할 여력이 없으면 이데아에 대해 깊이 생각할 수 없다. 여유가 없으면 시작조차 어려운, 이처럼 철학은 뇌가 부릴 수 있는 최고의 사치일지도 모른다.

# 영혼은 떠날 뿐 죽지 않는다

이데아에서의 환생

플라톤에 의하면 영혼은 육체에 깃들기 전에 천상계에서 이데아와 접하고 있었다. 이 이데아를 나눠가진 불완전한 존재를 보면 잊고 있던 이데아가 떠오르는데, 이를 상기想起, anamnesis라고 한다. 세상이 아름답다고 느끼는 것은 우리가 '아름다움'을 상기하고 그것을 열심히 추구하기 때문이다. 이렇게 이데아를 추구하는 마음, 변천하는 불완전한 현상계에 있는 인간의 영혼이 완전한, 영원한 것을 끝없이 추구하는 사랑을 에로스Eros라고 한다.

지금 눈앞에 보이는 현실은 신기루 같은 것이고 그 실재는 여기가 아닌 다른 장소에 있다고 한다면, 물체들은 사라져도 사실 그 본질은 어딘가에 남아 있다는 결과가 된다. 이데아가 영화의 필름이라면 스크린에 나타나는 영상이 우리가 살고 있는 세상이기 때문에 영화가 끝나도 본체는 사라지지 않는 것이다.

우리 인간도 생성과 소멸이라는 자연의 섭리를 벗어날 수 없는

하룻밤에 읽는 서양철학

존재다. 현상세계에서 태어나 나이가 들어 죽어가는 존재다. 그러나 이데아론에 의하면 몸은 죽어도 우리의 본체는 어딘가에 남는다는 의미가 되지 않을까?

뜻밖에도 플라톤은 영혼의 환생을 믿었다. 플라톤의 상기 이론에 의하면 대상이 인식되는 것은 그 대상의 이데아가 떠오르기 때문이다. 인간의 영혼이 먼 과거로 이데아를 직시했기 때문이다. 그러나 영혼은 이 세상에서 이데아를 직시할 수 없다. 이성에 의해 떠올려볼 수 있을 뿐이다. 그렇다면 우리는 불완전한 이 세계에 태어나기 전에 이미 이데아를 직시하고 있었어야 한다는 의미가 된다 (본 적이 없는 것을 알고 있는 것은 모순이므로).

영혼은 이데아의 지식을 갖고 지금의 육체에 들어왔다. 그렇기 때문에 영혼은 육체가 없어져도 결코 없어지지 않는다. 영혼에게 육체는 빌려 입은 옷과 같아서, 임시로 잠깐 머무는 숙소에 지나지 않는다.

일상으로 이야기를 가져와보면, 우리는 불완전하기 때문에 이대로는 안 된다며 이상을 추구한다. 왜일까? 플라톤에 의하면 그것은 인간이 현상계와 이데아계에 걸쳐 있는 존재이기 때문이다.

영혼은 아무래도 욕망에 따르려는 경향이 있다. '올해는 몸매를 위해 꼭 다이어트를 해야지' 하고 생각하지만 좀처럼 체중이 줄지 않는 것은 다이어트를 하고 싶다는 이상, 즉 아름다움의 이데아를 추구하는 마음이 먹고 싶다는 육체적인 욕망을 이기지 못하기 때문이다. 이성의 힘으로 욕망을 제어하려면 올바른 이데아를 인식하는 것이 필요하다.

이렇게 보면 이데아론은 우리의 근본적인 마음의 갈등, 즉 이상과 현실의 괴리로 고민하는 모습을 매우 적확하게 나타내고 있는 철학이라 할 수 있다. 더 자세한 설명을 덧붙이고 싶지만 유감스럽게도 플라톤의 사상에는 철학의 모든 것이 있다고 일컬어지고 있을 정도로 그 분량이 방대하다.

# 이데아는 사물 안에 있다

아리스토텔레스의 형이상학

아리스토텔레스가 남긴 논문집을 편집한 후학들은 〈자연학〉 다음에 읽어야 한다는 뜻에서 책 이름을 'Metaphysica'라고 불렀다. 일상적인 감각이나 경험의 물적 대상에 대한 연구 체계가 자연학이라면, 이에 대해 아리스토텔레스는 '보편적 존재' '궁극적 존재' '근본적 원리'를 탐구하는 학문을 자연학보다 우위에 두었다. 이것을 제1철학이나 신학, 가장 흔하게는 형이상학이라고 부른다.

실제로 플라톤의 이데아론은 우리 현대인에게는 약간 생경한 개념이다. '날고 있는 저 새는 새의 이데아를 분유<sup>分有</sup>하고 있다'라든가 '이 책상은 불완전한 것이고 진짜 책상은 이데아계에 있다' 등의 설명을 들어도 우리 감각으로는 와닿는 게 없을지 모른다.

플라톤의 제자인 아리스토텔레스는 플라톤의 이데아론을 비판했다. 그는 이데아는 개체와 분리되어 존재하는 게 아니라 개체에 내재해 있다고 생각했던 것이다.

예를 들면 동상銅像은 그 상의 형태(플라톤의 이데아에 해당하는 것)를 그 안에 내재하고 있다고 주장한다. 동상에 이데아가 들어 있다고 주장하는 것이 이데아가 다른 세계에 있다고 주장하는 것보다 더 설득력 있게 보인다.

형태만으로는 동상이 될 수 없다. 그 재료가 필요하다. 동상의 경우 구리가 그 재료다. 다시 말해 동상이란 상의 형태와 구리가 합성된 것이라 할 수 있다. 아리스토텔레스는 상의 형태에 해당하는 것을 형상, 재료로서의 구리를 질료hylo라고 했다. 이처럼 모든 개체는 형상과 질료의 결합체다.

이렇게 하여 아리스토텔레스는 플라톤이 현실에서 떼어놓은 이데아를 형상이라는 눈앞의 사물로 되돌려놓았다. 이 이론을 집대성해 제1철학, 즉 형이상학을 완성했다.

그의 위대함 가운데 하나는 이러한 현실적인 사물의 '존재'에 대해 고찰했다는 데 있다. 그는 최고의 지식은 '존재' 자체에 관한 지식이고, 모든 지식과 학문의 근본에 있는 '존재'를 무엇보다도 가장 우선해 연구할 필요가 있다고 생각했다. 아리스토텔레스의 제1철학인 형이상학이란 사실 존재 전반에 대한 지식을 의미한다.

그는 사물의 존재방식을 카테고리아Categoriae(범주론)라는 체에 걸러 정리하고 술어의 형식을 10개로 분류했다. 즉 사고란 '무엇인가' '어떻게 있는가' '어느 정도 있는가' '어디에 있는가' '언제 있는가' 등의 분류 작업이라는 것이다.

하룻밤에 읽는 서양철학

아리스토텔레스의 논법에 따르자면, 주어가 되고 술어가 되지 않는 개체가 바로 실체가 된다. 현실에 있는 개체로서의 실체는 그 자신은 변화하지 않고 동일성을 유지하면서 다양한 술어를 받아들이는 존재인 것이다.

예를 들면 펜에서 펜이라는 성질을 제거해버리면 펜이 아닌 것이 되지만, 펜의 부수적인 부분(어떻게 있는가, 어디에 있는가, 언제 있는가)을 제거해도 펜이 펜이라는 것에는 변화가 없다. 이 세상에 있는 개체가 바로 실체이므로 이미 '실체는 다른 세계에 있다'라고 말할 필요는 없어졌다. '다른 세계에 있다'와 같은 술어가 보편화되어 있던 플라톤의 이데아보다 아리스토텔레스의 사고가 더 현실적이며 논리적이라고 일컬어지는 까닭이다.

# 될 수 있는, 되고 있는, 되어 있는

## 가능태와 현실태

질료는 가능성이 있는 존재를 말하며, 그 가능성이 실현된 상태를 '현실태 energeia'라고 한다. 예를 들면 나무의 '가능태dynamis'는 종자고, 현실태는 생장한 나무다. 이미 최고도의 현실성을 갖고 있는 것을 '순수형상'이라고 하며, 이것은 '신'이라고도 불린다. 신은 스스로 운동하지 않고 모든 것이 자신을 향해 움직이게 하기 때문에 '부동不動의 동자動者'라 여긴다. 모든 것은 이 '순수형상'을 향하는 목적론적 운동 안에 있다.

플라톤의 철학에서 개체는 이데아를 나누어 가지며 생성한다고 설명하고 있지만, 아리스토텔레스는 질료가 형상과 다양한 관계를 가지며 개체가 생긴다고 생각했다. 질료로서의 쇠는 완성된 모양에 따라 망치나 못, 철도 레일 등으로 변한다.

이러한 변화에는 원인이 있다. 원인이 없으면 변화는 생기지 않는다. 아리스토텔레스는 자연계에 존재하는 원인을 동상에 비유하며 질료인 구리(질료), 동상의 모양(형상), 동상 제작자(작용), 동력의 역할, 완성된 동상(자적) 등 4가지 원인으로 환원還元했다.

인간에게 형상은 어떤 것일까? 아리스토텔레스에 의하면 우리의 형상은 영혼이며 동물의 영혼과는 구별된다. 인간은 감각만으로 살아가는 동물과는 달리 보편적 진리를 파악할 수 있고 또 일시적인 욕구에 좌우되지 않는 덕성을 지니고 있다. 인간 고유의 영혼 부분은 인식과 사고로서의 이성nous이다. 이성은 온갖 것들을 사유할 수 있다.

질료란 형상에 의해 한정되는 것, 혹은 아직 한정되어 있지는 않지만 형상을 취할 가능성을 지닌 존재다. 가능태로 불리기도 하는 질료는 미완성이라는 가능성 안에 있다(예를 들면 아이라는 가능태는 어른이 될 가능성을 갖고 있다).

이에 비해 형상은 미완성인 질료가 완성되어 실현된 상태다. 이것이 현실태다. 모든 생성 변화는 가능태에서 현실태로의 변화라고 할 수 있다. 즉 어떤 개체가 생성될 때에는 항상 가능태에서 현실태로 향하는 목적이 있다는 말과 같다.

펜은 글씨를 쓰기 위해, 글씨를 쓰는 것은 숙제를 하기 위해, 숙제를 하는 것은 좋은 성적을 내기 위해… 이런 식으로 모든 것은 목적을 갖고 움직이고 있다는 것까지는 동의할 수 있다. 그렇다면 세상 전체는 항상 목적을 갖고 완성하고자 하는 작용으로 가득 차 있는 셈이다. 세상은 대체 무엇을 향해 움직이고 있는 걸까? 인간이 살아가는 목적은 무엇일까?

운동은 건강을 위해, 건강은 일을 하기 위해, 일은 돈을 벌기 위해, 돈은 생명을 유지하기 위해… 이처럼 각각의 일은 뭔가 다른 목적으로 이어져 순환한다. 마치 모든 목적이 공중에서 돌고 있는 것처럼 보인다. 목적은, 이제는 더 이상 물을 수 없는 궁극인 것이어야 하지만 실제 그 과정은 빙글빙글 원 운동을 되풀이할 뿐이다. 그렇다면 세계는 무의미한 것일까? 그렇지는 않다. 아리스토텔레스는 반복되는 원 운동을 세계가 궁극의 목적을 향하고 있는 움직임이라고 생각했다.

모든 행위는 이 궁극의 목적을 향해 나아간다는 것인데 그 목적이란 대체 무엇일까? 그것은 질료를 갖지 않은 제1형상, 혹은 부동의 동자라고 여기는 것, 즉 신이다.

# 지금 이 생각이 행복이라면

실천에 앞서는 관상

아리스토텔레스는 누구보다도 실천철학에 대해 열심히 분석하고 설명했지만, 행동하지 않고 이성적으로 사유하며 영혼만 움직이는 것을 가장 중요한 행복으로 봤다. 그는 인간의 행복Eudaimonia을 철학의 핵심으로 두고, 모든 실천과 사유는 행복으로 향한다고 강조했다.

인간이 살아가는 목적은 궁극적으로 행복이다. 아리스토텔레스는 행복을 최고의 선으로 여겼다. 신은 선이고 궁극적 목적이며, 우리의 모든 행위는 필연적으로 선을 목표로 이루어진다. 그렇다면 인간에게 최고의 선이란 무엇일까?

아리스토텔레스는 아레테arete, 즉 도덕적으로 탁월한 성품을 토대로 하는 영혼의 활동을 중요하게 생각했다. 특히 이성을 동반하는 영혼의 활동을 최고의 선이며 행복이라고 봤다. 따라서 인간에게는 이성의 활동을 완성시키는 것이 최고의 행복, 최고의 선이라는 결론에 이른다.

아리스토텔레스는, 모든 운동의 첫 번째 원인이 되는 신을 인식하는 방법은 우리가 지닌 최고의 지력인 이성을 통해서라고 말한다. 이성이 작용해 최고의 진리인 신을 만날 수 있다면 인간은 신의 영원성을 의지해 최고의 행복을 얻을 수 있다. 이처럼 진리에 대해 깊게 생각하고 주시하는 것을 관상theoria이라고 하며, 아리스토텔레스는 실천practis보다도 이 관상을 중시했다.

인간이 관상적인 생활을 함으로써 행복해질 수 있다는 것은 의심의 여지가 없다. 현실로부터 잠시 떠나 세계가 어떻게 생겨나게 됐는지, 어떤 존재에서 비롯되었는지, 그 기준은 무엇인지에 대해 골몰한다. 그러다 다시 일상으로 되돌아오면 전혀 다른 새로운 세계가 눈앞에 나타나니 신비스러운 일이다.

우리는 지나치게 눈앞의 물질적 가치에 사로잡혀 있다. 때로는 정신을 형이상학적인 방향으로 틀어보는 것은 어떨까?

# 3

# 예수 그리스도·바울
## Jesus Christ·Paul

### 유대교, 그리스도교

타인을 대하는
한없이 착한 마음

# 손쉽게 행복해지는 방법

신과의 약속, 성서

《성서》는 예수의 탄생 이전의 《구약성서》와 이후인 《신약성서》로 나뉜다. 《신약성서》는 복음서, 역사 이야기, 서간, 묵시문학 등으로 이루어진 27권의 기록으로 예수의 생애, 죽음, 부활에 관한 기술이 중심 내용이다.

당장 행복해질 수 있는 방법이 있다면, 아마 누구나 알고 싶을 것이다. 이 세상엔 없다고 생각하는가? 잘 생각해보면 방법은 있다. 다른 사람이 나를 이해해주지 않아 쓸쓸할 때, 사랑하는 사람과 헤어졌을 때, 무슨 일을 해도 제대로 되지 않을 때, 어떤 일 때문에 절망스러울 때, 이 방법은 효과가 있다. 과거에도 많은 사람이 이 방법으로 역경을 극복했고, 행복해졌다.

하룻밤에 읽는 서양철학

그 방법은 바로 다른 사람을 위해 봉사하는 것이다. '뭐야, 고작 그 이야기야' 하는 사람도 있을 것이다. 그러나 실제로 해보기 바란다. 틀림없이 행복해질 수 있다.

왜 남을 위해 봉사하면 행복해지는지, 그 이유는 그야말로 수수께끼다. 남에게 봉사를 했다고 해서 보상이 따라오는 것도 아니다. 오히려 아무런 보상이 없는 경우가 많다. 경우에 따라서는 쓸데없는 참견이라고 미심쩍어하는 경우도 있다.

그럼에도 불구하고 다른 사람이 기뻐할 말과 행동을 하는 것만으로 행복이 보장된다. 왜 남을 위해 봉사하면 행복해지는가? 여기서는 인간은 그런 구조로 만들어져 있다는 것만 말해두겠다.

이 가르침은 매우 오래 전부터 전해져 왔다. 그 세월도 보통 세월이 아니다. 2천 년도 더 된 이야기니까. 어디에 그런 가르침이 기록되어 있을까? 바로 《신약성서》다. '봉사'라는 용어를 그대로 사용하고 있는 책은 아니지만 《신약성서》에는 전편에 걸쳐 예수가 고통받고 신음하는 사람들에게 어떻게 봉사했는지가 적나라하게 적혀 있다.

《성서》에 대해 이야기하려고 하면, 처음부터 아예 그리스도교에 흥미가 없다, 종교는 질색이다 하면서 듣지 않으려는 사람들이 많다. 그래서 이 장에서는 그리스도교에 관한 종교학적·수학적인 설명은 최대한 빼고, 역사적인 관점에서 필요한 내용들만 설명해 나가겠다.

# 같은 글을 믿는 다른 사람들

유대교, 그리스도교, 프로테스탄트

그리스도교 입장에서 보았을 때, 인류의 기원부터 그리스도 등장까지의 역사를 기록한 것을 《구약성서》로 본다. 1세기 말에 최종적으로 확정되었으며, 유대교의 성전이다. 구약이란 야훼와 이스라엘인(유대인)과의 계약을 말한다. 앞서 말한 신약이란 새로운 계약을 말한다. 유대인은 신과의 계약을 수행할 수 없었다. 이를 불쌍히 여긴 신이 외아들 예수 그리스도를 통해 새롭게 인류와 계약을 맺는다.

왜 《성서》는 《구약성서》와 《신약성서》로 나뉘어 있는 걸까? 그리고 가톨릭(구교)과 프로테스탄트(신교)는 어떻게 다른 것일까? 나아가 유대교와 그리스도교는 어떤 관계에 있는 걸까?

처음에 유대교가 있었다. 유대교의 경전이 바로 《성서》다. 그러니까 처음에 《성서》는 하나밖에 없었다. 유대교를 믿고 있던 이스라엘 사람 중 하나인 예수가 설파한 가르침이 나중에 그리스도교가 되었다. 그의 언행과 제자들의 문서를 정리한 것이 신과의 새로운 계약의 서書인《신약성서》다.

이런 입장에서 보자면 유대교의《성서》는 낡은 계약의 서가 되기 때문에《구약성서》라고 한다. 오늘날에는《구약성서》에 이미 예수의 가르침과 행동이 기록되어 있었음이 밝혀지고 있다. 요컨대 그리스도교 입장에서 보면《구약성서》와《신약성서》는 영화로 말하면 전편과 속편에 해당한다.

그리스도교를 유대교의 입장에서는 어떻게 이해할 수 있을까? 유대교의 입장에서 볼 때 예수의 가르침은 지금으로 말하자면 신흥종교처럼 보였다. 그래서 유대교는 그리스도교의 가르침을 받아들이지 않았다. 그러나 예수의 가르침은 로마 제국에서 극심한 박해를 받으면서도 서서히 사람들 사이에서 인정받았고 최종적으로는 로마의 국교가 되었다. 이 흐름이 가톨릭이다.

한편 16세기의 독일에서는 루터의 종교개혁, 그리고 스위스에서는 칼뱅의 활동이 결실을 맺어 새로운 종파가 유럽 각지로 퍼져나갔다. 이 흐름을 프로테스탄티즘이라고 하며 이를 따르는 신도를 가리켜 '항의자'라는 뜻의 프로테스탄트Protestant라고 불렀다.

보통 막연하게 그리스도교라고 하지만 여기에는 이처럼 ① 유대교, ② 유대교에서 갈려 나온 그리스도교, ③ 가톨릭에서 떨어져 나온 프로테스탄트라는 세 줄기의 흐름이 있다.

# 우리를 시험에 들게 하지 마옵시고

이스라엘의 고난

《성서》에 등장하는 사람들은 점쟁이가 아니다. 신의 말씀을 받아 그 말씀을
전하는 자이며, 신의 가르침이 미래에 관한 것이기 때문에 점괘예언도 포함
되어 있다. 《성서》에서는 예언자로 모세, 이사야, 예레미야, 에제키엘 등이
등장한다.

앞에서도 말했듯이 그리스도교는 고대 이스라엘인, 히브리인,
유대인의 민족 종교인 유대교를 모태로 탄생했다. 기원전 2천년부
터 약 500년 동안 고대 이스라엘인은 팔레스타인 지방으로 이주하
여 유목생활을 하고 있었는데, 다양한 타민족의 지배를 받다가 유
랑생활을 하게 되었다. 고난에 가득 찬 이스라엘인은 민족의 단결
과 재기를 위해 유랑 중에도 유대교를 믿고 있었다.

유대교의 하나님인 야훼는 매우 무서운 신이다. 화내고 질투하고 재판하는 신으로, '괴로울 때 의지가 되는 신'이라는 부드러운 이미지와는 거리가 멀다. 그러나 하나님이 세상을 창조하고 인간을 만든 절대적 존재이므로, 인간에게는 불평의 여지가 없다.

하지만 나쁜 것만은 아니다. 이 신은 이스라엘인을 자신의 민족으로 선택하고 그들을 영원한 구원으로 이끌 것을 약속했다. 이것을 선민사상이라고 한다. '그건 불공평하다'고 생각할 수 있겠으나 당시엔 민족 종교인 탓에 비판 없이 수용되었다. 그 대신 이스라엘인은 신의 의지로 계시된 율법을 엄수해야만 했다. 율법의 근본이 된 것이 바로 '모세의 십계'다.

이집트에서 노예생활을 강요당하던 이스라엘인은 신의 인도를 받은 예언자 모세의 인도를 따라 탈출했다. 《구약성서》에 의하면 기원전 13세기경의 사건으로, 이것이 유명한 '출애굽'이다. 유명한 영화 〈십계〉는 이 사건을 토대로 한 내용을 담고 있다. 이스라엘인이 모세를 따라 둘로 갈라진 홍해를 건너는 장면은 위압감과 경외감을 느끼게 한다.

그러나 출애굽 사건 후에도 이스라엘인의 역사는 비참했다. 이스라엘 왕국이 신바빌로니아 왕국에게 멸망을 당하고 결국 이스라엘인은 바빌론에 강제로 이주되었는데, 바빌론에 포로로 잡혀간 것이나 다름없었다. 그러나 사람들은 살벌한 분위기 속에서도 율법을 굳게 지키고 민족을 통일하려는 결의를 다졌다.

이윽고 페르시아에 의해 포로 신분에서 해방된 그들은 고향 예루살렘에 신전을 재건하고 '모세의 십계'를 가르침의 근본으로 하는 엄격한 계율(율법)을 지닌 교단을 창설했다. 이때부터 율법학자의 지위는 높아지고 율법은 차츰 복잡한 구조를 갖기 시작했다.

예를 들면 어떤 사람이 안식일에 산책을 하다가 별 생각 없이 보리 이삭을 잘라 손바닥으로 비볐을 때, 이것이 율법학자의 눈에 띄면 큰일 난다. 안식일에 노동을 해서는 안 된다고 율법에 나와 있기 때문이다. 이 경우 보리 이삭을 문지른 사람은 수확이라는 노동을 한 것이다. '아닙니다, 그저 장난이었어요'라고 변명을 해봐야 소용이 없다. 결과적으로 그는 율법을 어긴 죄를 저지른 것이다.


이처럼 나중에는 율법 본래의 정신은 사라지고 겉치레일 뿐인 형식만 남게 되었다. 특히 바리새Pharisees 파派나 사두개Sadducees 파에게서 이런 경향이 강하게 나타났다. 이렇게 되자 세상은 온통 죄인들로 가득 찼다. 모두들 신경질적이 되어 그 누구도 마음이 편치가 않았다.

게다가 기원전 1세기경, 이스라엘인은 로마의 엄격한 통치하에 놓여 있었다. 고통에 신음하는 그들이 껍데기만 남은 율법을 타파해줄 구세주, 메시아에 대한 기대로 한층 부풀었던 것은 당연한 일이었다. 이런 상황에서 '때가 찼다, 하나님 나라가 가까이 왔다, 회개하고 복음을 믿어라'라는 예수의 한마디는 온 이스라엘에 울려 퍼졌다.

하룻밤에 읽는 서양철학

# 이미 누리고 있는 사랑에 대하여

하나님이 죄 많은 인간에게 쏟는 사랑을 아가페Agape라고 한다. 이러한 신의 사랑에 대해 《성서》는 인간은 믿음과 사랑으로 응답하며, 이웃에게 사랑을 실천할 수 있어야 한다고 가르친다.

예수는 율법을 형식적으로 지키는 것은 무의미하다고 역설했다. 덧붙여 사람이 율법을 위해 있는 게 아니라 율법이 사람을 위해 있다고 주장했다. 예수가 주장하는 율법의 요점은 이해하기 쉬운 것이었다.

마음을 다하고 목숨을 다하고 뜻을 다하여 주님이신 너희 하나님을 사랑하라. 네 이웃을 네 몸같이 사랑하라.

- 마태복음

하나님에 대한 사랑과 이웃에게 향하는 사랑. 매우 간단하다. 하나님의 이미지도 시간이 많이 변했다. 유대교에서는 분노의 하나님, 재판하는 하나님이라는 무서운 이미지가 있었지만 예수가 가르치는 하나님은 '사랑의 하나님'이다.

아버지는 악한 사람에게나 선한 사람에게나 똑같이 햇빛을 주시고 올바른 사람에게나 옳지 못한 사람에게나 똑같이 비를 내려주시기 때문이다.

- 마태복음

하나님의 사랑은 불완전한 인간에 대해 베푸는 절대적인 사랑이다. 이것을 아가페라고 한다. 아가페로서의 사랑은 만인에게 주어지는, 차별 없이 평등하고 대가를 바라지 않는 사랑이다. 예수는 인간이 아가페의 힘을 빌려 하나님을 사랑하고, 다른 사람에게도 그 사랑을 베풀어 더욱 선한 존재가 되라고 가르쳤다.

우리는 입시공부를 하거나, 가사노동에 쫓기거나, 삶에 필요한 자본을 얻기 위해 일을 한다. 모습은 제각각이지만 모두 나름대로 힘겨운 고생을 겪어내며 살고 있다. 그러나 생각해보면 일상에서 누리는 대부분은 공짜로 주어진 것이다. '뭐가 공짜냐. 월세, 관리비에서부터 식비까지 돈 써야 할 곳이 수도 없이 많은데, 농담하는 거냐' 하고 소리치는 사람도 있겠지만 잠시 진정하고 생각을 해보자.

노동으로 돈을 버는 것은 자기 자신이지만 '나'라는 존재는 무상으로 받은 것이다. 몸이 주어진 덕분에 공부도 하고 일도 할 수 있다. 하려고 생각하면 뭐든지 할 수 있다. 자신의 몸과 환경은 이미 주어져 있는 것이므로 공짜다. 완전히 무료다.

아름다운 산을 바라보는 것도 공짜, 새소리를 듣는 것도 공짜, 노래하는 것도 공짜라고 생각하면 이 세상은 자유이용권을 끊고 들어온 거대한 테마파크 같다는 생각이 든다. 그런데 그 점을 잊고 있기 때문에 사람은 불평불만을 하는 것이다.

> 그러므로 나는 분명히 말한다. 너희는 무엇을 먹고 마시며 살아갈까, 또 몸에는 무엇을 걸칠까를 걱정하지 말라…. 공중의 새들을 보아라. 그들은 씨를 뿌리거나 거두거나 곳간에 모아들이지 않아도 하늘에 계신 너희 아버지께서 먹여 주신다. 너희는 새보다 훨씬 귀하지 않느냐.
>
> – 마태복음

'세상은 봉사로 가득 차 있다……' 세상의 원리란 이것이다. 그러므로 사람들은 서로에게 최선을 다하는 것이 자연스럽다. 상대로부터 무엇인가를 빼앗으려는 행위는 자연의 섭리에 어긋나는 것이다.

다른 사람을 위해 최선을 다해보자. 아주 작은 일이라도 좋다. 매일같이 남의 집에 가서 가사를 도와주라는 말이 아니다. '행동으로 작은 친절을 보여주거나 격려의 말을 건네주고, 또한 화를 참고 타인에게 불쾌감을 주는 말이나 행동을 하지 않도록 노력한다……' 이런 행동이 가능하다면 거기서부터 하나님의 나라가 실현되기 시작한다.

# 죄를 대신 짊어진다는 일

십자가와 전도의 시작

예수 그리스도가 나타나기 전까지 인류는 원죄에 대한 벌이라는 부채를 짊어지고 있었다. 그리스도는 인간의 죄와 벌이라는 부채를 스스로 십자가형에 처하는 수난을 통해 생명을 바침으로써 지불했다. 이것이 그리스도교에서 이야기하는 '속죄'다.

그리스도교를 깊이 공부하고 있는 사람으로부터 매우 인상 깊은 가르침을 받은 적이 있다. 함께 식사를 하고 있을 때 그리스도교의 교리는 내가 지킬 수 없는 것들뿐이라, 보고 있으면 오히려 죄를 짓는 것 같은 기분을 느낀다고 했더니, 그 사람은 가볍게 대답했다. '그런 건 저 아저씨한테 맡겨두면 됩니다.'

처음에는 무슨 말인지 이해하지 못하고 식당의 웨이터를 말하는 건가 싶었는데 아무래도 그건 아닌 것 같았다. 뜻밖에도 그는 하나님을 두고 '아저씨'라고 칭했던 것이다. 그렇다고 그가 하나님을 공경하지 않거나 모독하는 사람은 아니다. 왜일까?

예수는 《성서》 안에서 하나님을 일컬어 '아버지' 하고 부르고 있는데 이것은 원래 '아빠'라는 뉘앙스라고 한다. 원어로는 '앗바'다. 여기서 알 수 있는 것은 하나님과 인간은 가까운 존재라는 사실이다. 시험 삼아 '주님이 세상을 만드셨다'를 '아빠가 세상을 만들어 주었다'라고 바꾸어 말해보자(순수한 마음으로 말해야 한다). 대자연 저 너머에서 커다란 어른이 지켜보고 있는 것 같은 푸근한 기분을 맛볼 수 있을 것이다.

앞서 본 것처럼 신에 대해 적극적인 설교를 펼치던 예수가 왜 십자가에서 처형을 당해야만 했을까? 역사적 관점에서 말하자면 예수의 가르침이 유대교의 율법학자나 사제들의 권위를 위협했기 때문이다. 그들은 예수가 하나님을 모독하고 사회질서를 교란시키고 있다는 이유로 예수를 고발했다. 그러나 그들이 억압을 자행하는 동안에도 예수야말로 하나님의 아들(메시아)이며 그리스도라는 신앙은 퍼져나갔고, 제자 베드로를 중심으로 예수의 가르침을 설파하는 신도 집단이 형성되기 시작했다. 이렇게 하여 그리스도교가 탄생했다.

바울이라는 사람은 처음에는 유대교 율법을 신봉하는 사람이었

하룻밤에 읽는 서양철학

다. 도리어 예수를 믿는 사람들을 탄압하는 무리의 선봉에 서 있었
다. 그러던 그가 어느 날 그리스도교 신도를 박해하기 위해 다마스
쿠스로 향하는 도중에 "사울(바울)아, 너는 왜 나를 박해하느냐"라
는 예수의 음성을 듣는다(사도행전). 예수를 만나 신비한 체험을 한
그는 "이미 내가 사는 게 아니다. 그리스도가 내 안에 살아계시는
것이다"라고 여실히 깨닫고 그리스도교 사도로서 본격적인 전도에
나서게 된다.

바울은 그리스도의 십자가를 '속죄'라는 의미로 설명한다. 비유
하자면 빚이 너무 많아 갚을 수 없는 사람이 있는데, 이 빚을 부모
가 대신 갚아주었다는 정도로 이해하면 된다. 즉, 인간이 너무나 죄
를 많이 지어 스스로 갚기가 어려운데, 이것을 하나님이 대신 갚아
주었던 것이다.

> 모든 인간은 대가 없이 하나님의 은혜로, 그리스도에 의한 속죄
> 에 의해 의로워지는 것입니다.
>
> — 로마서

신은 육신을 받아 예수의 모습으로 스스로 십자가에 매달려 전
인류의 죄를 초기화해주었다. 신은 몸소 십자가형을 받았던 것이
다. 이보다 더한 희생이 있을까?

바울은 십자가에 얽힌 속죄라는 사상을 토대로 그리스, 로마, 아
시아 등 전 세계를 돌며 전도를 다녔다. 그 결과 그리스도교는 세계

적인 종교가 될 수 있었다. 그 종교를 믿기 시작한 나라의 문화까지 전달되면서, 교회에서 결혼식을 올리는 우리나라의 모습처럼 문화가 전파된 모습도 자주 볼 수 있게 되었다.

하룻밤에 읽는 서양철학

# 4

# 아우구스티누스
# 토마스 아퀴나스
## Augustinus · Thomas Aquinas

### 스콜라 철학

영원 앞에서는
모든 것이 사소하다

# 나이를 먹고 끝내 죽고
# 모두 그러하다

고대 로마 철학자인 플로티노스Plotinos는 만물은 근원적 존재가 되는 한 사람 The One이 유출한 것이라고 주장했다. 이를 신플라톤주의라고 한다. 그 '한 사람'에 의해 세계는 존재의 근거가 부여된다. 가장 먼저 만들어낸 것은 '누스 nous(지성, 이성, 정신)'이고 여기서 다시 '프시케psyche'가 탄생한다. '프시케'는 '질료'와 결부시켜 자연을 형성했다고 주장한다.

어떤 사람이든 '나이를 먹었구나'하고 느끼는 때가 온다. 모든 것이 바쁘게 돌아가는 지금의 사회에서는 사람에 따라서는 20대 초반만 되어도 벌써 10대와는 세대 차이를 느낀다고 한다. 필자처럼 중년의 입장에서 보면 더 말할 나위도 없다.

나이를 먹으면 객관적으로는 피로, 건망증, 무기력 등의 현상이 나타나고 주관적으로는 이야기에 두서가 없어지고 비판이 늘어나며 창피에 무뎌지고 얼굴이 두꺼워진다. '40대는 인생의 반환점이다'라는 말을 들으면 30대인 사람은 앞으로 10년밖에 남지 않았나 싶어 초조해지고 그 지점을 지난 사람은 왠지 돌이킬 수 없는 나이가 되었다는 기분에 휩싸인다.

왜 인간은 나이 드는 일을 괴로워할까? 나이를 먹는 것 자체도 괴로운 일이지만 나이를 먹는 것이 죽음을 향한 과정이라고 느껴지기 때문이다.

모든 것은 변화를 면할 수 없다. 삼라만상의 온갖 것들이 이 섭리를 벗어날 수가 없는 처지다. 생각해보면 고민이라는 것은 모두 변화에서 탄생한다. 몸이 변하지 않으면 질병에 걸리지 않을 것이고 죽지도 않을 것이다. 연인끼리의 사랑이 변하지 않는다면 실연도 없고 이별도 없을 것이다. 변화가 없으면 서로 빼앗는 일도 없을 테니 다툼도 없고 항상 채워져 있는 상태일 것이다.

인간은 변화를 거부하고 자신에게 쾌적한 상태가 지속되었으면 좋겠다고 뻔뻔스럽게 희망한다. "지금처럼만 일이 잘 풀리면 좋을 텐데." "지금 이대로 여기에 계속 살 수 있으면 좋겠는데." "지금 상태로 쭉 건강했으면 좋겠다." 과연 어떨까? 이 바람은 이루어질까? 아니면 절망일까? 대답은 저절로 나온다.

인류가 시작된 이래로 수많은 현자들이 이 바람을 성취시키려 노력해왔다. 그러나 그들은 성공하지 못했다. 많은 사람이 노력했지만, 나이를 먹지 않거나 질병에 걸리지 않거나 죽지 않는, 영생의 성과를 거두지는 못했다.

그렇지만 그들의 시도가 정말로 실패한 건 아니다. 지금부터 소개할 아우구스티누스와 토마스 아퀴나스 두 사람은 신플라톤주의와 아리스토텔레스 철학을 그리스도교와 융합시킴으로써 이 문제를 극복했다. 과연 어떤 방법이었을까?

# 그럼에도 영원을 가질 수 있다면

아우구스티누스와 고백록

시간에 대한 아우구스티누스의 고찰은 유명하다. 그는 시간은 마음속에 존재한다고 여겼다. 시간 밖에 있는 신에게는 과거도 미래도 없으며 모든 것이 동시에 존재하므로 신은 '영원'하다.

인간은 본질적으로 끝없는 행복을 추구하는 존재다. 따라서 추구하는 목적이 불변의 '영원한 존재'가 아닐 경우 느끼는 불안감, 또는 이 목적을 달성했다 하더라도 그것을 언젠가는 잃을지도 모른다는 불안감을 씻을 수 없다.

복권에 당첨되어 수십억 원을 손에 넣으면 정말 행복해질 수 있을까? 설사 이런 행운을 얻었다 해도 결국 지금까지와 똑같은 불만을 터뜨리기 시작하는 존재가 인간이다. 인간이 진정으로 추구하는 목적은 그것이 아닌지도 모른다.

교부 철학자인 아우구스티누스는 말한다. 인간이 이 무한한 행복을 찾아낼 수 있는 것은 단지 영원한 것, 즉 자기 동일적인 절대적 존재로서의 신에 의해 구원받을 때뿐이라고.

'당신이 추구하는 것은 무엇입니까'라는 질문을 받았을 때 몇 가지 답이 떠오르겠지만 사실 그 모든 것들이 시간 밖에 있는 '영원한 것'을 추구하고 있음을 알 수 있다.

예를 들어 '내 집 마련'이 당신이 추구하는 당면 과제라고 하자. 왜 내 집을 갖고 싶을까? 가족과 함께 그 집에서 평온하게 살고 싶기 때문이다. 왜 평온하게 살고 싶은가. 그것은 행복으로 가득 채워지기를 원하기 때문이다. 그 행복은 딱 1년 동안이라는 시한부일까? 3년일까, 4년일까? 아니다, 죽을 때까지, 가능하면 '영원히'다.

사랑하는 사람과 교회에서 결혼식을 올렸다. 두 사람은 이것을 원했다. 왜 결혼을 하는 것일까? 행복해지기 위해서다. 그 행복은 언제까지 계속될까? 서로를 언제까지 계속해서 사랑할 수 있을까? 누구도 '10년 후면 권태기가 오겠지만 지금은 당신을 사랑한다'라고 맹세하지는 않을 것이다. 이 경우 '영원히'라고 말해야만 한다. '영원히 당신을 사랑하겠다'라고 말하더라도 상대가 '하지만 우리나라 사람의 평균 수명은 70세 정도니까 영원이라는 말은 있을 수 없어요'라는 반론을 제기하지는 않을 것이다. '영원히 사랑한다'는 것은 죽는 것도 포함한 말이다.

하룻밤에 읽는 서양철학

얼핏 생각하기에 그때그때의 욕구에 따라 그날의 생활을 하고 있는 것처럼 보이지만 우리는 사실 '영원한 것'을 추구하고 있다. 우리가 추구해 마지않는 것은 시간이 지나도 변하지 않는 무언가다. 계속 이대로 있을 수 있다는 안도감이다. 그러나 유감스럽게도 우리가 사는 일상적인 세계에 그런 것은 없다. 모든 것은 흘러가고 사라져 간다.

아우구스티누스는 행복해지기 위해서 영원히 변하지 않는 진리를 인식해야 한다고 가르친다. 그것은 바로 이데아다. 아우구스티누스는 플라톤의 이데아론을 그리스도교의 틀을 통해 해석해 나갔다. 플라톤은 이데아가 참이고 이 세상은 거짓 모습(가상)이라고 생각했지만, 그는 이 세상에 있는 것 또한 참이라고 가르친다. 세상은 진리를 틀로 삼아 진리에 의해 창조된 것이므로, 세상 안의 모든 것은 원형이 되는 진리의 흔적을 간직하고 있다는 말이다. 그러므로 인간의 영혼도 만유의 일원으로 창조되었으므로 진리에 이어져 있다. 아우구스티누스는 덧붙여 인간은 그냥 창조된 게 아니라 어떤 프로그램에 의해 만들어졌다고 말한다.

물체는 자신의 무게에 따라 자기 자리로 향하려고 합니다. (…) 물체는 정해진 자리에 있지 않으면 불안합니다. 정해진 자리에 놓이면 안도합니다. 나의 무게는 나의 사랑입니다. 나는 사랑에 의해 어디서나 사랑이 가는 곳으로 옮겨 갑니다.

－《고백록》제13권

인간은 '영원한 것', 즉 진리에서 창조되어 은총(신으로부터 인류에게 제시된 친절·자비심. 아우구스티누스가 말한 '무상의 은총')에 의해 그곳으로 향한다. 그것을 신이라 부르고 싶지 않은 사람은 구태여 그렇게 부르지 않아도 상관없다. 커다란 존재에 의해 만들어져, 그 커다란 존재로 향해가는 프로그램에 따라가는 자기 자신을 상상하는 건 비교적 쉽지 않을까? 결국 우리는 '영원한 것', 즉 신을 원한다. 이렇게 하여 마음은 자신이 무엇을 사랑하고 있는지 알지 못할 때도 '영원한 것', 진리를 사랑한다.

우리는 그처럼 커다란 존재를 '믿음으로써' '희망함으로써' '사랑함으로써' 구원을 받는 것이라고 아우구스티누스는 말한다.

# 종교적 믿음을 이성적 생각으로

신을 증명하는 철학, 스콜라

9세기부터 15기 동안의 중세 그리스도교 철학을 스콜라 Schola 철학이라 한다. 좁은 범위에서는 그리스도교 내부의 아리스토텔레스 철학을 말하지만, 그리스도교 교의를 이성의 힘으로 논증하고 체계화하는 대대적인 과정에서 탄생했다. 이에 토마스 아퀴나스는 신앙에 관한 궁극적인 부분을 논증할 수 없지만 어떤 부분은 가능하다고 봤다. 이성적으로 논증 가능한 것들을 제외한 교의들은 신의 계시에 의지할 수밖에 없었다.

그리스도교 교의는 아우구스티누스와 같은 교부들의 노력에 의해 확립되었다. 더 시간이 지난 다음 중세 스콜라 철학에서는 교의를 합리적으로 논증하면서 체계화하는 것이 과제가 되었다.

스콜라 철학의 대가인 토마스 아퀴나스는 신학과 철학의 조화를 중요하게 생각했다. 그는 아리스토텔레스 철학과 신플라톤주의에 입각한 아우구스티누스의 이론을 종합했다. 토마스는 '영원한 것',

즉 '신'의 존재를 철학의 논리로 증명하려고 했다(신의 존재 증명).
그 일부를 《신학대전》을 통해 간단하게 살펴보자.

모든 것은 운동한다. 운동하는 것은 다른 뭔가에 의해 움직여져
야만 한다. 그러나 움직이는 것을 움직이게 하는 것이 있고 그것
을 또 움직이게 하는 것이 있어서, 끝없이 거슬러 올라가면 더
이상 다른 어떤 것에 의해서도 움직이지 않는 '제1의 동자動者'가
존재해야만 한다. 그것은 신이다.

세계에도 시작점이 있고 거기에는 최초로 힘을 발한 누군가가
존재했을 것이다. 그것을 신이라고 생각하는 것이 가장 적절하다고
그는 주장한다.

존재하는 것은 사라져간다. 그런데 존재하는 것은 자신이 실제
로 존재한다는 사실을 설명할 수 없다. 따라서 이 세상에 존재하
는 것을 성립시키는 필연적 존재자(신)가 존재해야만 한다.

이 세상의 존재자는 모두 변화한다. 변화하는 것 안에는 존재 이
유가 없다. 그러므로 우리는 이 세상에 태어나 살다가 늙어서 죽는
이유를 스스로의 내면 어디에서도 찾을 수 없다. 이를 설명할 원리
는 우리 자신이 관여하지 않은, 어딘가 다른 곳에 있을 것이다.

　　　　　　　　　　　　　　　　　　하룻밤에 읽는 서양철학

자연의 물체는 지식을 갖고 있는 것은 아니지만 목적을 향한 몸짓을 한다. 이것은 자연적 사물을 그 목적으로 이끄는 지성적 존재 덕분이다. 그것은 신이다.

토마스 아퀴나스는 신의 존재를 경험적 사실에서 논증해나가는 방법으로 총 다섯 가지를 제시하고 있다. 물론 이 방법으로 신의 모든 것을 알 수 있는 것은 아니다. 그의 궁극적인 목적은 이성과 신앙의 조화에 있었다.

신의 존재 증명에서 볼 수 있는 논리는 일상생활에서 누구나 어렴풋이 느끼기도 한다. 우주의 정교한 균형, 수학의 정합성, 자연의 아름다움, 생명의 신비, 모기와 같은 작은 생명 안에도 그것을 움직이게 하는 지성과 목적을 볼 수 있다. 우리는 자연물로서, 나뭇잎 하나조차 만들 수 없다. 이 자연은 누가 만들었을까? '영원한 것'은, 변하지 않는 진리인 신일까? 그것이 무엇이든 엄청난 힘을 가진 자가 만들었을 것이 틀림없다.

퍼즐 조각을 상자 안에 넣고 흔들어보는 것만으로는 전체 그림이 완성되지 않는다. 그림을 완성하기 위해서는 조각을 이어 맞출 수 있는 지성과 목적이 있어야만 한다. 퍼즐보다도 훨씬 복잡한 우리 몸은 어떤 존재에 의한 지성과 목적에 따라 유지되고 있는 것일까? 그것은 절대적 존재인 신에 의해서라고 밖에는 설명할 방법이 없다.

# 신은 보이지 않지만 반드시 있다

토마스 아퀴나스

토마스 아퀴나스에 의하면 피조물은 존재 그 자체인 신에게 근거를 가지고
있기 때문에 가장 눈부시게 신의 완전성과 신비를 반영한 모습이다. 피조물
세계의 모든 존재자는 신의 선善을 나타내고 있으며, 이것을 반영하는 최선
의 세계를 형성하고 있다.

아퀴나스는 신의 존재 증명을 단서로 신의 본질을 밝혀내고자
했다. 신은 우주의 방아쇠 같은 존재로, '첫 번째 동자動者'다. 그 자
신은 다른 어떤 것으로부터 영향을 받지 않고 불변이며 부동이다.
신은 다른 어떤 것으로부터도 받지 않고 그 자체로 존재한다. 신은
최고의 존재자로서 가장 선한 존재이며 '진', '선', '미' 자체다. 신은
또한 지성적인 존재자로서, 온갖 우주 질서의 근원이며 지배자다.

하룻밤에 읽는 서양철학

피조물로서의 인간은 '존재 자체'인 신으로부터 존재를 부여받고 비로소 존재한다. 신이 존재를 부여하는 것은 '무無로부터의 창조'인 것이다.

우리는 무한한 존재에 동경심을 갖는다. 토마스 아퀴나스는 그 이유가 인간이 완전한 신을 모방하려고 하기 때문이라고 주장한다.

당신은 이상으로 삼는 인물을 갖고 있는가? 역사 속 인물인가, 회사의 상사인가? 아버지나 어머니인가? 이상으로 삼는 인물에 가까워지고 싶고, 그들을 모방하고 싶은 마음이 생기는 것은 지극히 자연스러운 일이다.

신은 이상의 극치다. 따라서 인간은 신을 모방하려고 한다. 우리가 존재하는 것 자체가 신을 향해 나아가는 것이라 할 수 있다. 인간의 존재를 완성시키고, 인간을 신에 가깝게 하는 행위는 선한 행위다. 반대로 인간 존재의 발전을 방해하고 인간을 신으로부터 멀어지게 하는 행위는 악한 행위다.

드넓은 바다의 물을 컵으로 모조리 떠낼 수 없듯, 신이라는 무한한 존재를 유한한 인간이 파악하고 인식하기는 어렵다. 관계에서 벌어지는 작은 일에도 자주 울화가 치미는 우리에게 완전한 존재를 파악하기 위한 정신적 여지가, 닮아가기 위한 노력의 여지가 있을까? 도저히 없을 것 같다.

일반적으로 자기보다 뛰어난 존재를 인식할 때 그것을 있는 그대로 자신의 그릇에 담을 수는 없다. 그렇다면 어떻게 하면 될까?

아퀴나스는 말한다. "자신이 그 뛰어난 상대에게 다가가고 그 모습을 배우면서 그 모습을 담기 위해 자신이 성장하는 방법밖에 없다. 즉 인간이 신을 인식할 수 있으려면 이러한 방법을 취하는 수밖에 없다."

인간은 나날의 번잡한 일로 마음을 빼앗기고 좌절하는 보잘것없는 존재다. 그렇기 때문에 자신을 성장시켜야만 한다. 물론 신을 완전히 파악하기는 불가능하지만 좌절하면서도 은총의 빛이 주어지기를 바라고, '믿음' '소망' '사랑'을 실천해가는 것이다. 그때 비로소 인간은 행복해질 수 있다고 아퀴나스는 가르친다.

그는 저작 활동에 굉장히 열정적으로 매달리며 《신학대전》 완성에 전력을 기울였지만 1273년, 그 해가 다 지날 무렵 성 니콜라우스 축일의 미사에서 신비 체험을 한 후로는 저술 활동을 뚝 끊어버렸다.

저술의 재개를 강력하게 요청하는 조수에게 아퀴나스는 이렇게 대답했다고 한다. "내게 계시된 것에 비하면 내가 써온 것들은 모조리 지푸라기처럼 보인다"라고. 그는 그때 무엇을 보았을까? 그것은 말로 할 수 없는 어떤 것이었으리라. 어쩌면 그것은 우리 또한 일상생활에서 보고 있는 것인지도, 보고도 그냥 지나친 것일지도 모른다.

하룻밤에 읽는 서양철학

# 고대·중세 철학의 흐름

(기원전 600년 ~ 서기 1000년)

## 소피스트

## 소크라테스

- "아무것도 알지 못함을 아는 것이 진정한 앎이다" : 무지의 지
- 묻고 답하는 과정으로 논리를 획득하다 : 산파술
- **주지주의(지행합일)**

## 플라톤

- 영원히 변하지 않는 이데아와
  본질의 그림자일 뿐인 현상계

## 아리스토텔레스

- 질료는 가능성이며(가능태),
  형상은 이미 이루어진 현실태다

## 예수 그리스도

- 하나님의 아들로 원죄라는 십자가를 메다 : 메시아
- 아가페적 사랑과 헌신

## 바울

- 전도 : 이방인에게 처음으로 선교하다

## 아우구스티누스

- **교부철학**
- "불합리하기 때문에 나는 믿는다"

## 토마스 아퀴나스

- **스콜라 철학**
- "신이 없다면 우리는 존재할 수 없다"

# 2장

# 신을 파헤치는 사람들
_ 근대 사상

# 5

# 데카르트
## Descartes

방법적 회의

---

논리를 놓아야
진리가 보인다

# 의심 속에서 가장 확실한 것은
방법적 회의

데카르트는 변하거나 틀리지 않는, 절대 확실한 원리를 토대로 연역적인 철학 체계를 구축하고자 시도했다. 그 출발점이 되는 절대 확실한 원리를 찾기 위해 편의상 철저하게 의심하는 방법을 채택했는데, 그것이 바로 방법적 회의다.

'변하지 않는, 절대로 확실한 것은 무엇입니까?'라는 질문을 받으면 뭐라고 대답하겠는가? 돌을 던지면 떨어지는 것이라고 대답할까? 지금 방에 있는 것이라고 대답할 수 있을까? '1+1=2'는 확실하다고 말할 수 있을까?

근대 철학의 아버지라 일컬어지는 데카르트는 일상에서는 당연하다고 여겼던 대답들을 인정하지 않고 이러한 상식을 우선 철저

하룻밤에 읽는 서양철학

하게 의심해보아야 한다고 생각했다. 그렇다면 데카르트는 심성이 뒤틀린 사람이었을까? 그렇지는 않다.

그는 의심하는 것 자체를 목적으로 두려는 의도가 아니었다. 절대 확실한 진리를 발견하기 위해 의심하는 일에 철저하게 매진했다. 이러한 의심을 방법적 회의라고 한다. 아무리 의심을 하고 또 해도 의심할 수 없는 것이 있으면 그것이 바로 '절대 확실한 것'이다.

우선 그의 회의는 감각으로 향했다. 감각은 오류를 범하기 쉬운 명제다. 드라이아이스는 만지는 순간 뜨겁다고 느끼지만 실제로는 차가운 물질이다. 우리는 감각이 가져다주는 착각에 자주 속곤 한다.

데카르트는 다시 회의를 품기 시작한다. 자신이 방에 있다든가, 난롯불이 타오르고 있다는 이 사실은 믿을 만한가? 이것도 확실하지는 않다. 그의 말에 따르면 우리는 꿈을 꾸고 있는 대부분의 경우에 현재 상황이 꿈의 세계라는 것을 깨닫지 못한다. 그렇다면 방에 있다고 하는, 현실로 여기고 있는 이 세계도 꿈일지 모른다고 할 수 있다. 어리석다고 생각하겠지만 이것은 하나의 방법이므로, 감정은 개입시키지 말고 논리적으로 계속 읽어나가도록 하자.

그렇다면 '1+1=2'와 같은 수학적인 진리는 어떨까? 이것은 아무리 방법적 회의라도 의심할 수가 없다고 여길 것이다. 그런데 데카르트는 말한다. '1+1'이라는 사고에서 '2'라는 대답이 유도되는 사이에 신과 같은 존재, 사실은 그렇지 않은데도 계산할 때마다 그렇게 여기도록 만들고 있을지도 모른다고. 그렇다면 우리는 매번 잘못된 답을 믿고 있다는 결과가 된다. 엉뚱한 회의이고 감정적으로는 뭔가 미진하겠지만 논리적으로는 부정할 수가 없다.

수학자이기도 했던 데카르트는 이성적인 논리에서 벗어나는 철학은 일체 받아들이지 않았다. 이렇게 철저하게 모든 명제에 회의를 품다 보면 더 이상 의심할 것이 없어진다. 그렇게 되면 세상에 확실한 것은 없어지고 인생이 허무하게 느껴지기 시작한다.

그렇지만 데카르트는 단 한 가지, 더 이상 의심할 수 없는 것을 깨달았다. 그것은 '지금 나는 의심하고 있다'라는 사실이다. 이것은 도저히 의심할 수가 없다. 왜냐하면 '나는 의심하고 있는 것일까'라고 생각한 순간 의심하고 있다는 것이 저절로 명확해지기 때문이다.

하룻밤에 읽는 서양철학

# 명확한 원리에서 복잡한 진리를
연역법과 제1원리

'나는 생각한다. 고로 나는 존재한다'라는 이 진리는, 회의론자들의 아무리 의심하고 부정해봐도 흔들리지 않을 만큼 견고하고 확실했다. 회의론자들은 이를 인정하고 이를 철학의 제1원리로서 주저 없이 받아들일 수 있다고 판단했다.

의심하고 있는 사실만은 의심할 수 없다는 생각, 여기서부터 데카르트는 다음과 같은 결론에 도달했다.

그렇게 하는 순간 나는 깨달았다. 내가 이렇게 '모든 것은 가짜다'라고 생각하고 있는 동안에도, 그렇게 생각하는 나는 필연적으로 무엇인가여야 한다고. 그리고 '나는 생각한다, 고로 나는 존재한다'라는 진리는 회의론자의 어떤 엉뚱한 상정에 의해서도 움직일 수 없을 만큼 견고하고 확실한 것임을 인정했기 때문에 나는 이 진리, 내가 구하고 있던 철학의 제1원리로서 이제는 안심하고 받아들일 수 있다고 판단했다.'

-《방법서설》

생각하고 있는 동안에도 나는 존재한다. 나란 대체 무엇일까? 사회적인 지위로도 이름으로도 정의내릴 수 없다. 이 육체도 아니다. 나란 '생각하는 것' 자체, 즉 사유<sup>思惟</sup>뿐인 존재다.

이렇게 데카르트는 '나는 생각한다, 고로 나는 존재한다'를 철학의 제1원리로 삼았는데 이것은 인간이 '생각한다'라는 자신의 힘만으로 진리를 탐구할 수 있다고 한 '이성의 독립선언'이었다. 하나님께 가르침을 청할 필요는 이미 없어졌다. 인간은 이성을 이용하여 참된 것을 판단할 수 있다는 사실을 알았기 때문이다. 이처럼 이성에 절대적인 신뢰를 두는 입장을 합리론이라고 한다. 데카르트 이후에는 스피노자, 라이프니츠가 이 흐름을 이어갔다.

데카르트는 철학의 제1원리에서 거미가 실을 뽑아내듯 다양한 지식을 잇달아 도출해냈다. 이처럼 명확한 원리에서 출발하여 모든 복잡한 진리를 도출해내는 방법을 연역법이라고 한다. 데카르트에 의하면 '나는 생각한다, 고로 나는 존재한다'라는 한 마디에서 저 유명한 관성의 법칙까지 도출된다고 한다(좀 미심쩍은 것일까). 그건 그렇다 치고, 일이나 공부를 하고 있다가 자신의 생각을 다시 한 번 체크해볼 필요가 있을 때는 스스로를 의심해보는 것이 제일이다. 데카르트의 정신을 따라 철저히 의심해보는 것도 괜찮은 방법이다.

# 지극히 주관적인 객관

물심이원론

데카르트는 스콜라 철학에서 수도 없이 거론되던 실체를 신과 물체, 정신으로 한정했다. 그중 물체의 속성은 연장, 정신의 속성은 사유라고 봤다. 이로 인해 공간이 균질해지고 역학적·기계론적 세계관이 가능해졌다. 데카르트가 창시한 해석기하학과 더불어 이러한 사상들은 근대 이후의 과학의 특징인 자연의 수량화를 실현했다.

'생각하는 나'는 정신이고 사유 자체다. '생각하는 나'의 구석구석을 살피고 찾아봐도 '생각하는 것'밖에 찾아낼 수 없다.

데카르트는 생각하는 나(정신)와 육체(물체)는 전혀 다른 성질을 갖고 있다고 말한다. 정신은 공간을 필요로 하지 않고 물체는 스스로 생각할 수 없다. 정신과 물체의 활동은 물과 기름처럼 너무나 다르다.

여기서 데카르트는 정신과 물체를 다른 실체라고 결론지었다. 이것을 물심이원론이라고 한다. 정신과 물체는 모두 실체지만 정신의 본질은 사유하는 것이고 물체의 본질은 장소를 취하는 것이므로 이들은 전혀 차원이 다른 존재라고 여겼다.

그러나 '감각은 의심스럽고 이 세상은 꿈일지도 모르는 것이므로 물체의 실재에 대한 의심은 아직 해결되지 않은 거 아닌가'라고 생각하는 사람도 있을 수 있다.

참으로 맞는 말이다. 사실 이는 큰 문제다. 왜 그런 것이 문제가 될까? 데카르트의 도식에 입각해서 보면 정신과 물체는 서로 다른 성질을 가지면서 이 세상에 공존하고 있으며, 정신이 외부에 존재하는 물체의 모습을 정확하게 파악할 수 있다면 그것이 진리가 된다.

거기서부터 과학적인 지식이 성립된다. 데카르트는 해석기하학을 완성한 능력 있는 수학자이기도 했다. 예를 들어 물체의 움직임을 X축과 Y축의 좌표에 의해 그래프로 만들 경우를 생각해보자. 책상 위에 있는 컵(물체)이 어디에 있는지를 수치로 설명하려면 책상을 좌표계로 보고 설명하면(정신) 쉽게 이해할 수 있다. 컵이라는 물체를 정신이 논리에 의해 포착했다는 것은 즉, 객관(물체)을 주관(정신, 관찰자)이 정확하게 포착했다고 바꿔 말할 수 있다. 이러한 주관과 객관의 일치야말로 진리라 할 수 있는 것이다.

외부에 있는 물체를 주관은 어떻게 올바로 포착할 수 있느냐에 대한 문제, 즉 주관과 객관은 어떻게 해서 일치하는가라는 문제는 사실 생각보다 장벽이 높은 문제였다. 당신이 옳다고 생각하고 있는 것에 대해 왜 옳은지를 객관적으로 말할 수 있을까? 재판관과 피고가 동일 인물인 것이다. 자신의 판단을 옳다고 지적하는 것도 자신이라면, 그것은 독선적인 옳음에 불과한 게 아니냐고 생각할 수도 있는 것이다.

이것은 주관이 객관을 올바로 포착하고 있는지에 대해서 그 주관의 입장에서는 절대 알 수 없다는 역설이다. 그렇다면 주관을 객관에 적중시키려면 어떻게 하면 될까?

하룻밤에 읽는 서양철학

# 비논리적인 논리를 증명하시오

### 인성론적 증명

불완전한 인간이 이미 완벽한 신의 관념을 만들어낼 수는 없다. 왜냐하면 원인이 결과보다 작은 경우는 있을 수 없기 때문이다. 신의 관념은 완전한 신에 의해 태어나면서부터 인간에게 심어진 것이다. 인간이 만든 것이 아니다. 그러므로 신은 존재한다는 것이 바로 인성론적 증명(존재론적 증명의 일종)이다.

여기서 다시 신이 등장한다. 하지만 절대자로서의 신은 아니다. 표현을 바꾸어 '세상의 토대'라고 설명해보겠다.

주관을 A, 객관을 B로 하면 A가 파악한 내용과 B의 내용이 일치해야만 하는데 'A=B'라는 판정은 A와 B 모두 할 수 없다. 링에서 싸우고 있는 두 사람이 자신들의 승패를 직접 결정할 수는 없다. 이 경우 심판이 필요할 것이다. 이 심판이 신이다. 신은 주관과 객관의 일치, 즉 '당신이 생각하고 있는 건 옳다'라는 점을 보증해주는 존재다. 신의 존재를 증명할 수 있다면 이 세상은 더 이상 꿈이 아니며, 물체의 존재도 해결된다.

데카르트는 논리적으로 신의 존재를 증명해냈다. 이를 인성론적 증명이라고도 한다. 이처럼 신의 존재를 인정함으로써 주관과 객관은 일치하게 된다. 왜일까? 신이라는 관념에는 '확실함'이 포함되어 있다. '확실'하지 않은 신은 모순이다. 따라서 인간의 이성은 확실하다는 것이 보증되고 인간은 있는 그대로의 세상을 있는 그대로의 모습으로 인식할 수 있다. 그렇기 때문에 과학적 판단은 옳은 것이라는 이야기다. 인간의 이성이 본질을 명확하게 파악할 수 있을 경우 그것은 확실한 진리로 간주된다.

현대인들이 보기에는 왜 그렇게 빙빙 돌려서 어려운 논리를 우겨대는지 이해하기 어려울 것이다. 그러나 논리적 사고를 철저하게 수행하기 위해서는 여기까지 생각하지 않으면 사물의 존재(예를 들면 눈앞에 있는 컵조차)도 증명할 수 없다. 시험 삼아 이 세상이 환각이나 꿈이 아니라는 증명을 독자적인 방법으로 해보기 바란다. 일단 시작하는 것부터 불가능할 것이다.

확실한 근거로서 뭔가를 상정하지 않는다면 의식한다는 행위는 불가능하다. 그 근거는 필연적으로 이 세상 모든 것을 포괄하는 것이 된다. 논리적으로 파고들어 생각하다 보면 결국은 하나님께로 귀결할 수밖에 없다.

하룻밤에 읽는 서양철학

# 약간의 과학을 첨가하면

데카르트는 신의 존재를 증명하고 그 신이 가진 성질로서의 불변성에서 운동량의 항존성恒存性을 확인한다. 마찬가지로 신의 불변성에서 물체의 관성의 법칙 등 자연법칙을 도출해내어 물리학의 체계를 구축해나갔다.

데카르트는 정신의 속성인 사유의 자발성과 자유를 인정했지만 물체의 움직임에 대해서는 그러한 것들을 인정하지 않고 철저한 기계론과 결정론을 이용하여 설명했다. 그 이전에는 아리스토텔레스 철학과 그리스도교 철학의 영향 때문에 물체와 정신의 경계선이 꽤나 애매했다. 그러나 데카르트는 이 두 가지를 분명하게 구별해 설명했다.

물체의 본질은 기하학적으로 규정되는 3차원의 양으로서의 공간적 연장이다. 연장이란 무한히 분할 가능한 연속체다(카스텔라나 양갱 같은 것이 그렇다).

앞서 말한 대로라면 '공간=연장'이므로 이 세상에 빈틈은 전혀 존재하지 않는다는 결과가 된다. 거기에 정신이 끼어들 여유는 없다. 이렇게 데카르트는 물체에서 정신적 요소를 모두 배제했다.

데카르트의 주장에 의하면 물체의 본질은 연장이기 때문에 물체는 스스로 운동할 힘을 갖지 않는다는 의미가 된다. 예를 들면 당구대 위에 당구공이 있다고 해도 움직임은 저절로 발생하지 않는다. 움직임이 생겨나기 위해서는 맨 처음에 하얀 공을 치는 힘이 필요하다. 데카르트는 이 역할을 신에게 부과했다. 신에 의한 최초의 일격에 의해 공이 잇달아 맞고 운동이 시작되면서부터 이 세상이 생겨났다고 생각한 것이다.

또한 신은 항상성恒常性을 갖고 있기 때문에 물체 역시 항상성, 다시 말해 관성을 갖고 있다. 이렇게 하여 세상은 한번 움직임이 시작되면 나머지는 영구히 운동한다. 데카르트는, 세계는 커다란 하나의 기계라는 점을 강조하고 싶었던 것이다. 이 견해는 아리스토텔레스나 그리스도교의 목적론에 입각한 세계관에 대해 기계론적 세계관이라 불린다.

오늘날 학교에서 이루어지는 수업에서 데카르트는 '나는 생각한다. 고로 나는 존재한다'로 기억되지만 그는 사실 물리학에도 크게 공헌했던 인물이다. 우리는 데카르트의 원리를 이용하여 발전해온 기술의 혜택을 받고 있지만, 데카르트의 고마움에 대해서는 제대로 인지하지 못하고 있다.

# 이성의 힘으로 감정을 제어하라

정념과 자유의지

네덜란드의 횔링크스Geulincx와 프랑스의 말브랑슈Malebranche 등은 기회원인론 occasionalism을 주장했다. 심신의 변화를 일으키는 것은 신이며 정신과 육체는 이것을 실현하는 것에 불과하다는 입장이다. 이들은 정신과 육체의 유한한 실체는 모두 신의 활동에 기회를 주는 존재에 불과하다고 주장했다.

수학적 방법을 구사해 어려운 문제들을 명쾌하게 해결했던 데카르트였지만 그의 결론에는 치명적인 결함이 있었다. 데카르트의 주장에 의하면 정신과 물체는 전혀 다른 실체이기 때문에 상호작용은 있을 수 없는 일이었다. 그러나 실제로는 우리의 정신과 육체는 서로 상호작용을 한다. 걷겠다고 생각하면 걸을 수 있는 것은 사유와 연장 기능의 상호작용에 의한 것이다. 이것은 물심이원론으로 설명

하룻밤에 읽는 서양철학

하자면 엄청난 모순이다. 정신은 육체에 어떻게 기능하기 시작하는 걸까?

데카르트 스스로도 이 문제를 알고 있었다. 《정념론》에서는 괴로움을 못 이긴, 몸부림이라고도 생각할 수 있는 논리를 전개하고 있다. 그러나 이 《정념론》에는 이성을 존중하는 데카르트의 태도가 매우 잘 나타나 있으며, 덕분에 우리도 그로부터 감정을 제어하기 위한 많은 기술을 배울 수 있다. 《정념론》은 다양한 감정에 서열을 매기고 그것을 이성적으로 정의해 역할을 인식하려는, 심리학의 선구라고도 말할 수 있는 기록이다.

데카르트의 이원론에서 육체는 기계와 같은 서열이다. 이 육체로부터 '놀라움' '사랑' '증오' '욕망' '기쁨' '슬픔' 등 여섯 가지의 '정념passion'이 탄생한다고 한다. 데카르트는 그밖의 모든 정념은 이 여섯 가지 중 몇 가지가 복합된 것이거나 아니면 여섯 가지 중 하나로 분류할 수 있는 것이라고 생각했다.

우리는 예기치 않은 대상을 갑자기 만났을 때 '놀라움'을 느낀다. '놀라움'의 감정이 우리에게 바람직한 것일 땐 '사랑'이 생기고 나쁜 것이면 '증오'가 생긴다. '놀라움'이 미래를 대상으로 한 것이면 '욕망'이 되고 이미 손에 넣었으며 바람직한 것이면 '기쁨', 나쁜 것이면 '슬픔'이 된다.

데카르트의 주장에 의하면 놀라움이나 기쁨, 두려움, 사랑이나 욕망 등의 감정은 육체에서 정신으로 기능이 촉발하는 것이다(데카르트의 정신은 '사유만 하는 것'이므로). 따라서 정신 그 자체에는 '정념'을 이끌어낼 힘이 없고 그 경우에는 육체의 도움을 빌려야만 한다.

'욕망'의 '정념'은 우리의 모든 행동의 원동력이다. 그러나 세상은 자연법칙에 의해 돌아가고 있으므로 그 법칙에 따르지 않는 것은 아무리 구해도 얻을 수 없다. 그래서 '욕망'의 통제야말로 '정념'을 통제하는 결정적인 수단이다. 그렇다면 '욕망'은 어떻게 제어되는가? 데카르트는 이를 위해 '자유의지'를 올바로 사용해야 한다고 주장한다.

> 자유의지는 우리를 우리 자신의 주인공이 되게 함으로써 어떤 의미에서 우리를 신과 닮은 존재로 만든다.
>
> — 《방법서설》

스스로 '자유의지'를 갖고 자기 자신을 지배하고 있다고 인식할 때 사람은 신에 가까워진다고 말한다. 이때 갖는 정신을 데카르트는 '고매한 정신'이라 불렀다. 그는 이 정신이 바로 '정념의 방종을 막아주고 고쳐주는 약'이라고 한다. 예를 들면 다이어트를 하는 중에 케이크를 먹고 싶은 '정념'이 일어나도 단호한 판단에 의해 먹고 싶다는 '정념'을 물리친다. 이처럼 일상적인 일에서도 '고매한 정신'을 발휘할 국면이 있다.

자기 자신의 내적 감정, 지적인 감정의 힘에 의해 우리는 자유를 획득할 수 있다. 우리 인생에서 커다란 지침으로 삼기 좋다.

하룻밤에 읽는 서양철학

# 6

# 스피노자
## Spinoza

범신론

모든 것이 곧 신이다

# 뿔뿔이 흩어져 있으면서도 하나인 세계

데카르트는 정신과 물체라는 단절적인 두 실체를 상정했지만 인식과 실천이라는 관념을 외계와 정신과의 관계 문제로 가져왔을 땐 대답하지 못했다. 이후 철학자들은 이것을 해결하기 위한 체계를 구축해나가기 시작했다.

거리를 거니는 상상을 해보자. 편의점, 자동차, 보행자, 개, 고양이… 이렇게 많은 존재가 같은 세상에 함께하고 있다. 같은 세상에 있는 것들이니까, 각자가 가지고 있는 공통점이 하나 정도는 있지 않을까?

자신의 생각을 말로 표현하면 다른 사람에게 전달된다. "이 라면 맛있다"라고 말하면 친구는 "응, 그래" 하고 대답한다. 나와 친구는 개별로 존재하는 사람이고, 혀와 위를 공유하고 있는 사이는 더더욱 아님에도 불구하고, 어째서 두 사람은 라면 맛에 대해 서로가 같은 생각을 나누고 상대의 말을 이해할 수 있는 걸까? 거기에는 분명 뭔가 그들끼리의 공통점이 있기 때문일 것이다.

그러나 또 그 반대도 생각할 수 있다. 연인끼리는 서로의 마음이 통한다고 하지만 정말로 그럴까? 통한다고 착각하고 있는 것일 수도 있다. 무엇보다도 두 사람은 각기 다른 마음을 가진 인간이다. 이처럼 이 세상은 뿔뿔이 흩어져 존재하는 것들이 서로 이해할 수 있기도 하고 없기도 하는 등 모호하다. 서로가 전혀 관계가 없든가 혹은 아예 똑같다면 좀 더 개운할 테지만 관계를 가지면서도 완전히 똑같지 않다는 것은 너무도 막연하고 찝찝한 이야기다.

이렇게 분열된 상태는 우리 자신에 대해서도 적용된다. 우리는 몸과 마음을 갖고 있다. 몸과 마음은 서로 연결되어 있어서 슬플 때는 눈물이 난다. 여기서 잘 생각해보자. '슬프다'라는 기분과 '눈물이 나오는 것'은 어떻게 관계하고 있는 걸까? 도무지 알 수 없다.

이처럼 우리의 일상생활을 돌아보면 마음으로 생각하는 것과 물질로서 표현되는 것 사이에는 아무런 공통점이 없다는 사실을 깨닫게 된다. 이것을 철학에서는 심신 문제라고 한다.

# 수학처럼 생각들을 계산해보자

스피노자의 《에티카》

‘실체’란 ‘그 자신으로 존재하고 그 자신에 의해 고찰되는 것’이며 ‘자기원인’
이다. 그러나 같은 본질의 것은 단 하나밖에 존재하지 않으므로 실체는 존재
하는 것으로서 단 하나, 즉 신만 존재한다. 또한 ‘신’이란 ‘절대 무한의 존재
자’이기 때문에 이러한 자기원인의 실체가 바로 ‘신’이라고 생각할 수 있다.

데카르트의 주장에 의하면 정신과 물체는 모두 ‘실체’였다. 따라
서 정신도 물체도 그 자체로 존재를 유지하며, 그렇기에 양자를 떼
어놓을 수 있다고 데카르트는 생각했다. 그러나 그 때문에 양자의
상호관계는 자세히 볼 수 없었고 따라서 앞에서 언급한 심신문제
가 생긴 것이다.

마음정신의 움직임과 그에 대응한 뇌물질의 움직임은 완전히 일

하룻밤에 읽는 서양철학

치한다는 근거 자료가 있다. 연구에 따르면 고양이의 뇌에 전극을 장치하고 분노를 생기게 하는 부위에 전류를 흘려 넣으면 고양이는 화를 내고, 스위치를 끄면 즉시 온순해진다고 한다. 이 실험으로 분명 정신과 물질은 연동하고 있음을 알 수 있다.

그렇다면 문제는 해결된 것일까? 그렇지 않다. 데카르트 이후에도 여전히, 걷고자 생각하는 것과 실제로 걸을 수 있는 것과의 관계는 알 수 없기 때문이다. 다시 말해 양자가 연동하고 있다는 상관관계는 알 수 있어도 인과관계는 명확하게 알 수 없다. 이러한 모순을 해결하려면 철학의 체계를 처음부터 다시 한 번 재구성할 필요가 있었다.

네덜란드의 철학자 스피노자는 매우 파격적인 방법으로 철학의 다양한 문제를 모조리 거부했다. 데카르트 이후에 남겨진 정신과 육체(물질), 기계론과 자유, 기하학적 정신과 종교적 정신 등의 분열을 모두 통합하는 데 성공했던 것이다.

이것은 우리가 방금 제시한 의문, 바로 '어째서 하나의 세계에 뿔뿔이 흩어진 것이 존재하는가'에 대답했음을 의미한다. 이 대답을 알면 다양한 일상의 고민이 한꺼번에 해결될 것이다. 하지만 그런 일이 가능할까?

그가 쓴 《에티카Ethica》는 매우 독특한 구성을 가진 책이다. 뜻밖에도 유클리드 기하학의 체계를 따르고 있기 때문이다. 정의, 공리, 정리라는 형태의 체계적인 아름다움이 책 안에 펼쳐진다. 책 내용의 일부를 옮겨보았다. 내용을 이해할 필요는 없으나 그 형태는 주의 깊게 살펴보기를 바란다.

[정리 2] 신, 즉 그 각자가 영원·무한한 본질을 표현하는 무한하게 많은 속성으로 성립되는 실체는 필연적으로 존재한다.

[증명] 이것을 부정하는 사람은 만약 가능하다면 신이 존재하지 않는다고 생각하라. 그렇게 하면 공리 7 '존재하지 않는다고 여기는 것은 그 본질이 존재를 포함하지 않는다'에서, 신의 본질에는 존재가 포함되지 않는 것이 된다. 그러나 이 사실은 정리 7 '실체의 본성은 존재하는 것이다'보다 부조리하다. 그러므로 신은 존재한다.
증명 끝.

— 《에티카》 제1부

이처럼 이 책에서는 유클리드 기하학의 증명 방법으로 일관되어 있다. 데카르트 이후에는 수학적 방법을 철학에 도입하는 방식이 유행했다. 당시로서는 제일 유행하는 방식이었다.

# 곁에 있는 자연이 곧 신이다

스피노자는 신과 자연은 같다고 생각했다. 신은 오로지 존재할 뿐이고, 그 존재가 드러난 모습이 '자연'이다. 따라서 현실을 떠난 초월적인 존재로서의 신은 생각할 수 없다. 모든 것이 신인 것이다. 정신과 물체라는 두 속성은 서로 독립해 있다. 물체적인 것은 물체적인 것밖에 원인으로 가질 수 없고 정신적인 것은 정신적인 것밖에 원인으로 가질 수 없다. 정신과 물체와의 사이에는 완전한 일치를 찾을 수 있다.

이러한 증명들이 보여주는 것은 다음과 같다. 우선 스피노자는 범신론의 입장을 취한다. '신'은 세계를 바깥에서 만든 것이 아니라 자연 그 자체다. 그러니까 눈앞에 있는 물체는 모두 '신'이라는 것이다. 사람도 도로도 자동차도 가게도 모두 '신', 당신도 나도 모두 '신', '신즉자연神卽自然'이다.

'또 신 이야기야' 하고 혐오감을 드러내는 사람이 있을지 모른다.

그런 사람은 신이라는 말 대신 '에너지'라는 말을 넣어서 생각해보기 바란다. 에너지는 곧 자연이 되고 현대 물리학의 사고방식(물질은 막대한 에너지를 가두고 있다는 생각)에 가까워지므로, 그만큼 저항하고 싶은 마음은 없어질 것이다.

다음으로 데카르트의 이원론을 극복하기 위해 '실체'에 대해 생각해보자. 여기서는 편의상 '실체'라는 말을 '원'과 '직사각형'으로 표현해보겠다. '원'과 '직사각형'을 겹쳐보아도 일치하지 않는 것과 마찬가지로 '정신'과 '육체' 사이에는 접점이 없다. 이것이 데카르트의 심신의 실체적 이원론이다. 스피노자도 다른 속성을 가진 두 실체는 서로 공통된 것을 갖지 않는다고 주장한다.

스피노자는 이렇게 생각했다. 콜라 캔을 예로 들어보자. 보는 각도에 따라 '원'이 되기도 하고 '직사각형'이 되기도 한다. 이 콜라 캔을 '실체'라고 생각한다. 그리고 '원'과 '직사각형'을 속성(성질)이라고 한다.

> [정리 4] 서로 다른 둘 혹은 많은 것이 서로 구별되는 것은 실체가 지닌 속성의 차이에 의해서거나 아니면 속성의 변용의 차이에 의한다.
>
> -《에티카》제1부

우리가 눈으로 보는 것은 하나의 실체가 다양하게 표현된 결과다. 그러므로 세계는 얼핏 보기에 따로따로인 것 같지만 사실은 각자 어딘가는 이어져 있다는 의미가 된다. 바다라는 하나의 원리가 다양한 파도를 만들어내는 것과 마찬가지로 신과 우리 세계와의 관계는 바다와 파도의 관계에 해당하며, 신과 우리는 이어져 있는 것이다.

당신의 주변에 있는 것을 바라보자. 책상이든 의자든 컵이든 관계없다. 방 전체든 혹은 창밖으로 보이는 건물이든 상관없다. 이 모든 것들은 '단 하나의 것(신)'이 다양하게 변형된 것이다.

이걸로 심신문제는 해결되었다고 생각하면 성급한 판단이다. 스피노자는 '정신'과 '육체'는 같은 것을 다른 각도에서 본 것이고 하나의 물체가 지닌 두 개의 측면이라고 생각했다. 여기서부터는 '걷겠다'라는 측면과 '걷는다'라는 두 측면도 하나의 '실체'가 두 각도에서 표현되고 있는 것에 지나지 않는다고 생각할 수 있다.

스피노자에 의하면 정신과 육체는 항상 연동하고 있다는 의미가 된다. 이것을 심신평행설이라고 한다.

[정리 7] 관념의 질서와 연결은 물건의 질서와 연결과 같다.
– 《에티카》 제2부

그러나 이런 것을 몰라도 우리의 몸은 엄연히 움직이고 있기 때문에 걱정할 필요는 없다.

# 이봐, 운명은 이미 정해져 있어

스피노자는 '직관지直觀知'가 대상의 완전한 인식이라는 점을 강조한다. '직관지'에 의해 자연을 유일한 신적 실체神卽自然로서, 또 모든 개체를 그 양태로서 파악하고 나아가 자신이 그 하나의 양태임을 아는 것이 바로 지적 영위의 최고 도달점이라고 한다. 이것은 대상을 '영원한 상相의 토대'로 인식하는 것이고 이것이 바로 '선'이라고 한다. '신에 대한 지적 사랑'이 자아의 영원성에 대한 자각과 완전한 자유를 약속한다.

스피노자는 인격을 가진 신을 인정하지 않았다. 신은 구원을 하거나 재판을 하지 않는다. 순수한 원리이고 자연 자체이다. 신은 '산출하는 자연'임과 동시에 '산출된 자연'이다.

그렇다면 자연은 어떻게 산출되는 것일까? 그것은 '삼각형의 본성에서 내각의 합이 180도로 같다는 결과가 필연적으로 생기듯' 이미 생길 운명이었다. 그 자연은 어떤 목적을 갖고 활동하는 것은 아니다. 기계적, 인과적으로 움직이고 있을 뿐이다. 이 부분은 데카르트의 기계론적 세계관과 비슷하다.

이 사고방식에 따르면 모든 것은 필연적이므로 우연은 없다. 'A이면 B'라는 인과관계의 사슬에 의해 세계는 이루어지고 있다. 이 말은, 즉 이 세상에서 일어나는 일은 모두 미리 정해져 있다는 의미가 된다.

[정리 33] 물건은 실제로 산출되고 있는 것과는 다른 방식으로, 또 다른 질서에 의해 신으로부터 산출될 수가 없었다.

-《에티카》제1부

우리는 자주 '만일 그때 ○○였더라면……' 하고 후회를 하지만, 후회해봐야 아무런 의미가 없다. 지금 있는 방식 이외에는 없다. 이러한 생각을 결정론이라고 한다. 예를 들면, 우주가 생겼을 때 지금 이 책을 읽고 있을 것이 이미 정해져 있었다고 본다.

그러나 이 사고방식에 따르자면 인간의 자유는 전혀 존재하지 않는다는 의미가 된다. 스피노자의 말에 의하면 인간은 자신이 자유롭다고 속고 있지만 그것은 자신의 행위를 결정하는 인과의 사슬을 깨닫지 못하기 때문이다. 그 모습은 마치 누군가의 손에 의해 던져져서 날아가는 조약돌이, 물리법칙에 의해 낙하할 지점이 이미 결정되어 있는데 '나는 자유야' 하고 외치고 있는 것과 같다.

그렇다고 낙담할 필요는 없다. 인과의 사슬에 대해 이해하면 자신이 자유롭지 않다는 것을 지성적으로 이해할 수 있고 마음이 편안해진다. 아무것도 모르고 자신이 자유롭다고 착각하는 것보다는 모든 것이 필연적이라고 이해하는 것이 오히려 안심하기 좋다. 세계를 '영원한 상相의 토대'로 인식하고 필연을 인식하는 것이야말로 그들이 생각한 진정한 자유였다.

# 신을 사랑할 때 행복해진다
코나투스와 감정 제어

스피노자는 인간을 포함한 세상의 모든 존재들에는 변하지 않고 계속 본질을 유지하려는 의지, 경향이 있다고 봤다. 이를 코나투스Conatus라고 한다. '노력하다'라는 동사에서 파생된 이 말은 사물이냐, 인간이냐에 따라 다르게 나타난다. 존재에게 코나투스는 본능적인 것이며, 필연적으로 발생하는 것이다.

이 세상은 전체가 시스템으로 연결되어 있어서 감정도 자연의 움직임과 마찬가지로 일정한 법칙을 갖고 있다고 여겼다. 그래서 그는 《에티카》 제3부에서 '인간의 다양한 행동과 충동에 대해서도 선이나 면 혹은 물체의 문제에 대처한 것과 마찬가지로 고찰한다'고 선언한다.

[정리 2] 인간이 자연의 한 부분인 이상 인간은 필연적으로 다른 것으로부터 어떤 작용을 받는다.

그렇다면 인간은 감정에 예속된 존재라는 결과가 된다. 모든 것이 결정되어 있는 것이라면 책임이라는 관념은 필요가 없어진다. '좀도둑질을 한 것은 우주의 필연이다'라고 말하면 되는 것이므로 윤리고 뭐고 없어진다.

그러나 스피노자는 모든 개체에게는 자기 보존의 욕구, 즉 코나투스가 있어서 수동성을 탈피하여 능동성으로 향하는 경향이 있다고 생각한다. 그 적극적 사고가 인간을 지성적인 인식으로 이끌고 모든 것이 하나의 원리의 표현이라는 인식으로 향하게 한다. 그렇게 되면 일상의 고통스런 감정으로부터 탈출할 수 있다는 것이다. 그렇다면 구체적으로 어떻게 해서 감정을 제어하면 되는 걸까?

[정리 2] 만약 마음의 격정 혹은 감정을 외적인 사상思想으로부터 멀리하고 그것을 다른 사상으로 연결시킨다면 외적인 원인에 대한 사랑이나 증오, 그리고 그러한 감정에서 생기는 마음의 동요는 사라져버릴 것이다.

[정리 3] 수동적인 감정은 우리가 그 감정에 대한 명료·분명한 관념을 형성하면, 순식간에 수동적인 감정이 아니게 된다.

- 《에티카》 제5부

하룻밤에 읽는 서양철학

회사에서 불쾌한 일이 있었을 때나 인간관계에서 짜증이 났을 때는 상사나 친구 등 직접적 원인을 생각하지 않고, 전체가 원인과 결과라는 필연적인 고리 안에 있다고 생각해본다. 또 외적인 것에 대해 그 자리에서 반응하지 않고 자연스럽게 솟아오르는 감정을 잘 관찰함으로써 수동적인 상태를 적극적이고 긍정적인 사고로 가져간다.

긍정적인 감정과 부정적인 감정은 인간의 입장에서 같은 단위로 놓고 계산할 수 없다. 부정적인 감정은 수동적이고 혼란스러운 관념이다. 이것을, 그 원천에서부터 지성적, 적극적으로 분석해봐야 하는 것이다.

공포 영화를 볼 때 무서운 것은 갑자기 무엇이 튀어나올지 모른다는 불안감 때문이다. 그런데 만약 자신이 감독이었다면 이쯤에서 살인마가 튀어나오도록 연출했을 거라 생각하면서 본다면 무섭지 않을 것이다(영화를 보는 재미는 없어지겠지만). 자동차 조수석에 앉아 있을 때 다른 사람이 운전하는 것은 겁나지만 자신이 운전하고 있다고 상상하면 걱정이 덜하게 된다.

스피노자의 이론은 이처럼 감정의 원천을 알면 그 감정의 공포에서 해방된다고 생각하는 것이었다. 바로 이 지점에서 현대의 심리학을 앞서고 있다(이에 대해서는 나중에 '프로이트' 편에서 다시 살펴보자).

이와 같이 중요한 것은 지금 있는 현상에 사로잡히지 말고 넓은 곳에서 세상을 바라보는 것이다. 모든 것이 신 안에 있고 신에게 의

존하고 있는 것을 '영원한 상의 토대'로 인식하는 것이다. 그러면 세상 모든 것에 대한 사랑이 생기고 인간을 성장시키는 선을 향해 이끌린다.

불행하다는 수동적인 감정은 고귀한 능동적 감정으로서의 '신에 대한 지적 사랑(신을 영원한 것으로 인식하는, 신에 대한 사랑)'에 의해 극복된다. 이는 자신이 세계의 일부이며 신神임을 자각하는 것이다. 즉 인간이 신을 사랑하는 것은 자기 자신을 사랑하는 것이다. 그렇게 될 때 이 세상과의 일체감이 생기고 지복至福이 찾아온다.

스피노자는 '신에 도취하는 철학자'라 불렸다. 가끔은 이러한 사고법으로 알코올의 힘을 빌리지 않고 취해보는 것도 좋을 듯하다.

# 7

# 로크·버클리·흄
## Locke·Berkeley·Hume

### 경험론

---

## 인생을 과감하게
## 초기화한다

# 인생은 과연 한낱 꿈일까

인식, 지식, 관념의 근원이 오직 경험에만 있다고 주장한 사람들이 있었다. 그들의 철학을 '경험론Empiricism'이라고 한다. 이성의 활동이 아닌 개인이 느낀 감각과 경험을 통한 인식에 가장 중점을 두는 사조다.

배우 짐 캐리가 주연을 맡은 〈트루먼 쇼〉라는 영화가 있다. 인기 TV프로그램 이름인 '트루먼 쇼'는 실재하는 인간의 한 평생을 24시간 내내 보여주는 방송이다. 방송국이 설치해놓은 거대한 세트 안에서 태어나 자란 트루먼은 자신의 생활 모두가 전 세계에 방송되고 있다는 것을 전혀 알지 못한다. 그러던 어느 날, 그는 작은 의심으로부터 시작해 점차 진실을 알아가기 시작한다.

하룻밤에 읽는 서양철학

그렇다면 당신 자신이 트루먼이고 주위 환경은 모든 것이 세트, 가족도 친구도 모조리 연기를 하고 있는 것이라면 어떻겠는가? 혹은 이 세상이 컴퓨터에 의해 운영되는 가상의 현실이라면 어떨까? 이런 이야기는 영화의 소재는 될 수 있을지 몰라도 현실에서는 있을 수 없는 일이다. 그러나 이러한 일을 진지하게 생각한 철학자가 있었다. 지금보다 훨씬 오랜 옛날 그들은 세계는 가상공간이라고 진지하게 주장했다.

만약 당신이 5분 전에 현재의 모습으로 만들어졌다고 하자. 이유는 중요하지 않다. 앞에서 언급한 영화처럼 당신이 갖고 있는 과거의 기억을 모조리 입력해놓고 기억의 순서가 꼬이지 않도록 모든 환경이 설정되어 있다면, 당신은 5분밖에 살지 않았다는 것을 어떻게 증명할 수 있을까? 사실 현재 논리적으로는 '인간이 5분 전에 태어났다 해도 그것을 부정할 방법은 없'다.

이렇게 생각을 하다 보면 나날의 고민이나 고통 같은 현실감은 없어지고 일시적으로 상쾌한 느낌을 맛볼 수 있다. 모든 사건이 대단한 게 아닌 것처럼 여겨지고 마음이 가벼워진다.

그러나 이런 생각에 익숙해진 상태로 있다 보면 현실이 마치 꿈이나 환상처럼, 확실성이 없는 상태로 여겨지기 시작한다. 그렇게 되면 사회와의 연고는 점점 희박해지고 '괴짜'라는 딱지가 붙을 것이다. 그러므로 나는 이 사상을 접하기 전에 미리 '위험! 취급주의'라고 경고해두겠다.

# 마음이라는 백지 위에 점 하나

관념과 인식론

로크는 플라톤과 데카르트의 주장을 부정하고 인간은 경험에 의해 관념을
갖는다고 주장했다. 따라서 인간은 태어났을 때 아무것도 경험하지 못한, 마
치 백지 상태tabula rasa와도 같다고 설명했다.

경험론을 주장했던 영국의 철학자 로크는 '철학 연구의 재미를
처음 부여해준 것은 데카르트의 저서였'고 털어놓았다. 그러나
로크의 사상은 데카르트의 그것과는 완전히 정반대라고 말할 수
있다.

제1원리에서 연역적 논리를 전개했던 데카르트의 태도와는 반
대로 로크는 생활에 밀착된 경험이라는 차원에서의 진리 추구를

하룻밤에 읽는 서양철학

지향했다. 그는 지식의 기원을 오로지 감각적인 경험에서 구하는 방법을 취했다. 당시 지식인들은 인간은 어떤 지식을 태어나면서부터 갖고 있다(생득관념)는 견해를 지지했다. 그것은 만인이 동의하는 보편적인 지식원리다.

로크의 입장에서는 이러한 것은 없다고 생각한다. 그는 주어져 있는 감각을 출발점으로 하여 다양한 지식이 성립하는 근거를 내성內省에 의해 기술하는, 간단한 방법을 사용한다. 로크에 의하면 우리의 지식은 관념idea으로 이루어져 있다. 관념이란 사고할 때의 대상이고 의식의 내용이다. 그러므로 컴퓨터에 대해 생각하면, 그것이 컴퓨터의 관념이라는 의미가 된다.

그렇다면 그 관념은 어디서 생긴 것일까? 컴퓨터를 보거나 만지거나 하는 경험을 통해서다. 그래서 로크는 우리의 마음은 아무것도 쓰여 있지 않은 백지와 같고, 여기에 관념을 부여하는 것은 경험뿐이라고 생각했다. '감각 안에 없었던 것은 지성의 내부에도 없다'는 주장이다.

로크의 주장에 의하면 관념 가운데 형태, 고체성, 연장(공간을 차지하고 있는 것), 운동, 정지 등은 물체가 어떤 상태에 있어도 물체로부터 떼어놓을 수 없다. 컵에서 이러한 상태를 떼어놓는다는 것은 분명 무리다(컵에서 형태를 떼어놓고 생각할 수는 없다). 로크는 이처럼 물체와 떼어놓을 수 없는 성질을 제1성질이라 불렀다.

그렇다면 색깔, 소리, 향기, 추위와 더위, 단단함과 부드러움 등은 어떨까? 이들 관념은 인간이 보고 듣거나 냄새를 맡거나 할 때의 감각일 뿐(인간이 보지 않으면 색깔은 없다. 아무도 없는 캄캄한 방에 있는 컵이 무슨 색인지를 생각해보라), 물체의 성질이라고는 말할 수 없다. 로크는 이러한 색깔, 소리, 향기 등의 관념을 제2성질이라 불렀다. 제1성질은 실제로 물체 안에 존재하지만 제2성질은 인간만이 느끼는 것이고, 마음속에만 있는 주관적인 관념이다.

이처럼 경험을 중시하고 경험에 의해 얻어진 지식이야말로 확실한 것이라는 견해를 인식론이라고 한다. 이때부터 로크는 '인식론의 시조'로 소개된다.

로크의 막대한 업적은 다 소개되지 않은 상태라, 이제부터는 경험론의 두 번째 인물인 버클리의 주장을 살펴보겠다.

# 감각만이 존재를 만든다

버클리의 《인간 지식 원리론》

물체의 형태나 크기, 단단함, 위치 등의 관념을 지각의 여부에 관계없이 그 대상 안에 실제로 존재한다고 여기는 것을 제1성질이라 한다. 이것이 인간의 감각기관에 영향을 주면 색깔 등의 성질이 생긴다. 색깔은 색맹이나 색약인 사람에게는 다른 색으로 인식되기도 한다. 이는 물체 자체가 갖는 성질이 아니라 주관적인 것으로 봤다. 이러한 색깔, 향기, 맛 등은 제2성질이라 불린다.

1685년에 아일랜드에서 출생한 버클리는 15세 때 더블린의 트리니티 대학에 입학하여 로크, 뉴턴, 데카르트 등의 철학을 접했다. 그는 주요 저서인 《인간 지식 원리론》에서 우리의 일반 상식으로는 생각할 수 없는 놀랄 만한 설을 전개하고 있다. 시대가 시대인 만큼 이런 논리를 진지하게 주장해도 되는 것인지, 이 사람의 머리는 어떻게 된 게 아닐까 걱정이 된다. 그러나 또한 신기하게도 버클리의 철학을 들여다보면 도저히 그의 이론을 부정할 수 없을 것 같은 생각이 들기 시작한다. 그는 어떤 주장을 하는 걸까?

로크의 주장에 의하면 '제1성질(개체성, 형태 등)'은 물체에 내재해 있고 물체는 마음 밖에 객관적으로 존재한다. 한편 버클리는 이렇게 생각했다. 색깔이 없으면 형태도 알 수 없고 딱딱함이나 부드러움 등의 촉각이 없으면 물체가 공간을 차지한다는 것을 알 수 없기 때문에 '제1성질'은 '제2성질(색깔, 소리, 향기 등)'을 떠나 생각할 수는 없다, 요컨대 '제1성질'이라 불리는 것은 '제2성질'에 포함되는 것이라고 생각했다.

나아가 그는 말한다. '우리는 주관적으로 지각하고 있는 색깔, 소리, 향기 등의 관념(제2성질)이 있기 때문에 비로소 물체가 존재한다고 안다. 빨갛다, 동그랗다, 차갑다, 달다, 시다……, 이러한 지각들이 바로 사과의 존재다.' 이렇게 해서 버클리는 로크의 이론을 수정했다.

그렇다면, '제2성질'이 마음속에만 있는 관념이라고 하면, 사과는 어디에 존재하고 있는 걸까? 그것은 마음속에 있는 관념이다. 만지고, 깨물어 먹고, 달다고 느끼고… 이런 것들은 모두 마음을 떠나서는 있을 수 없다. 다시 말해 사과는 마음속에만 있는 것이고 외계에는 없다. 따라서 그것은 물질이 아니다.

이런 과정을 통해 버클리는 어떤 감각적 사물도 그것을 지각하는 마음속에만 존재할 수밖에 없다는 놀랄 만한 결론에 도달했다.

하룻밤에 읽는 서양철학

내가 글을 쓰고 있는 책상이 존재한다고 나는 말하지만 그것은 내가 그 책상을 보고, 그것을 만진다는 의미다. 또한 내가 서재에서 나왔다 해도 책상은 존재한다고 나는 말할 것이다. 그 의미는 만일 내가 서재에 있으면 나는 책상을 지각했을 것이라는 이야기고, 다른 말로 하자면 어떤 다른 정신이 현실적으로 책상을 지각하고 있다는 의미다. 냄새가 있다는 것은 그것이 후각으로 느껴졌다는 것이다. 소리가 있었다는 것은 그것이 들렸다는 의미다.

-《인간 지식 원리론》

이렇게 버클리는 어떤 물체도 '지각되는' 것을 떠나 '존재하는' 것은 없다고 하며, 이를 토대로 '존재한다는 것은 지각된다는 것이다'라는 정식을 완성했다.

당신이 지금 지각하고 있는 물체는 모두 당신 마음속에 있다. 물체는 마음을 떠나 존재하지 않는다. 이러한 생각을 유심론이라 한다. 이따금 주위 물체를 관찰하며 자신의 마음 외에는 그 물체가 존재하지 않는다는 확신을 가져보기 바란다.

# 믿음을 진짜라고 믿는가

흄의 회의론

인상impression과 관념은 모든 인식의 기원은 인상에 있다는 경험론의 입장을 잘 보여주는 개념이다. 흄은 '관념의 관계relation of ideas'에 관한 지식과 '사실 matter of facts'에 관한 지식으로 구별한다. '관념의 관계'에 관한 지식은 수학이고 흄은 이것을 직접적으로 혹은 논증적으로 확실한 지식이라고 했다. 그러나 '사실'에 대한 지식에 대해서는 의심스럽다고 한다. '사실'이라는 것은 경험에 의지하고 있어 잘못된 경우도 있기 때문이다.

이제 세 번째 인물, 영국 경험론의 으뜸 권위자인 흄이 등장할 차례다. 그의 사상을 통해 우리의 기성 세계관은 완전히 새롭게 조정된다. 흄은 인간의 마음에 나타나는 모든 지각은 인상과 관념으로 나눌 수 있다고 말한다. 그 차이란 단순히 생생하게 살아 있는가 아닌가의 차이다. 인상은 현실성이 높은 한편 관념은 애매모호하기에 선명하지 않다. 사과를 먹고 있는 것이 인상이고 '사과를 먹었구

하룻밤에 읽는 서양철학

나' 하고 생각하는 것이 관념이다. 인상은 기억과 상상에 의해 관념이 된다.

버클리의 주장도 강렬했지만 흄도 이에 못지않았다. 그는 법칙에 따라 원인에서 결과가 필연적으로 생겨나는 경우를 뜻하는, 이른바 '철의 법칙'이라 불리는 인과법칙(인과율)을 의심했다. 돌을 던지면 날아간다는 것은 설명할 필요도 없을 정도로 당연한 법칙이다. 만약 이 인과법칙이 잘못되어 있어서 책을 펼쳤을 때 비둘기가 튀어나온다면 당신은 이 구절도 읽을 수 없다.

여기서 'A라면 B'라는 원인과 결과의 개념과 관계를 우리가 어떻게 알게 된 것일까, 하고 흄은 생각했다. 그것은 다름 아닌 경험 때문이었다.

우리는 두 가지 사상事象이 결합해 일어나는 현상을 여러 번 경험하면 두 사상 사이에는 필연적인 관계가 있다고 생각하기 시작한다. '만약 불이라면 뜨거울 것이다'라는 인과관계는 불을 만졌더니 뜨거웠다는 경험을 거듭하면서 이해할 수 있었다. 이처럼 우리는 인과법칙을 습관에 의해 믿고 있는 것일 뿐이다. 그것은 단지 신념이었던 것이다.

또한 그는 외계에 있는 모든 물질은 그것이 지각되지 않는 동안에도 지속적으로 존재한다는 보장이 없다고 생각했다. 지금 눈앞에 없는 물건이 계속 존재하고 있다는 것은 상상이나 신념에 지나지 않는다는 것이다.

나아가 그의 말에 의하면 마음도 존재하는 것이 아니다. 마음이라는 실체는 존재하지 않고 단지 지각만이 있을 뿐이다. 마음, 자아라 불리는 것은 눈에 띄지 않을 속도로 빠르게 생겨나고 끊임없이 변화하며 움직이는 '다양한 지각의 다발 또는 집합(지각의 다발 우리가 마음이라고 생각하는 것은 사실 형성된 지식의 집적에 불과하다는 관념)'에 불과하다.

이렇게 흄은 '인과법칙' '외계' '마음' '자아'를 모두 소거해 보여주었다. 흄이 주장한 이 이론과 사상을 회의론이라고 한다. 회의론에는 우리의 일상에서 일어날 수 있는 착각을 타파하고 초기화하는 효과가 있다. 그리고 이 사고방식을 따르면 무슨 일에나 조심하게 된다.

그러나 회의론에 빠져들면 자신뿐 아니라 타인에 대해서도 의심이 깊어지고 주변 사람이나 친구를 잃을 우려가 있으므로 적당한 정도를 유지해야 한다.

하룻밤에 읽는 서양철학

# 8

# 칸트
### Kant

비판 철학

---

혼들리지 않는
기준을 갖다

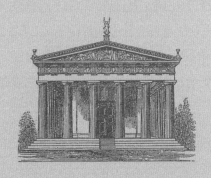

# 타협 없는 두 이론의 다툼

경험론과 합리론

우선 우리는 외부의 현상세계로부터의 자극을 시간, 공간의 도움을 빌려 정리한 다음에 차례로 받아들인다. 이어서 이 정보가 선험적인 순수오성개념(카테고리)의 체에 걸러져 구성되는 과정 자체를 '인식'이라고 한다.

어떤 남성에 관한 이야기다. 그의 연인은 유학을 떠난 뒤 소식이 없었다. 그러나 그는 쓸쓸해하지 않았다. 쓸쓸해하기는커녕 가슴을 설레며 연인이 돌아오기를 기다렸다. '그녀는 여전히 나를 좋아하고 있을 거야. 왜냐하면 사랑은 영원하니까.' 그런데 그의 친구도 마찬가지로 그 여성을 기다리고 있었다. 그는 말한다. '그녀는 아직도 나를 좋아하고 있을 거야. 왜냐하면 사랑은 영원하니까.'

하룻밤에 읽는 서양철학

이번에는 어떤 여성에 관한 이야기다. 이 여성은 벌써 몇 년째 어떤 남성과 교제를 하고 있다. 그럼에도 불구하고 '내가 정말 사랑을 받고 있는 건지 모르겠어. 혹시 그는 사기꾼인게 아닐까' 하고 계속 의심을 한다. 이 여성은 지금까지 여러 번 남자에게 속았기에 더 이상 절대적인 사랑이라는 것을 믿지 않는다.

전자의 경우에서 착각이 심한 남성 이야기는 대륙 합리론자의 입장을, 후자의 경우처럼 극단적으로 의심이 깊은 여성의 이야기는 영국 경험론자의 입장을 각각 비유한 것이다. 합리론에서는 이성적으로 추리하고 논증한 원리가 옳은 것인지 잘못된 것인지를 실험적으로 검증할 수 없으며 또 그럴 필요도 없다. 합리론자는 수학의 증명이 절대적으로 옳은 것과 마찬가지로 철학의 증명도 옳다고 생각한다. 왜냐하면 이성이 옳다고 판단한 것은 절대로 옳다는 전제가 있기 때문이다.

이를테면 수학 시험 점수가 30점이 나왔다고 생각해보자. 하지만 이런 경우 '잘못한 건 내가 아니라 수학이다'라고 생각하지 않는다. 수학은 잘못이 없고 단지 자신의 수학적인 논리 전개 방식이 잘못되어 있었을 뿐이다.

합리론도 마찬가지다. 두 가지 철학의 학설이 있는 경우, 어느 한쪽 이성의 사용 방식이 잘못되어 있으므로 제대로 검산하면 올바른 답을 도출할 수 있다고 생각한다. 그러나 현실은 그렇지가 않다. 주위의 철학을 둘러보면 제각기 나름대로 다른 답을 내고 있었다. 그렇다면 모두 계산을 잘못하고 있었다는 말일까? 아니다. 계산

방법, 즉 사고방식의 이치는 맞았다. 합리론자들은 머리를 싸매고 고민에 빠졌다. '이성에는 문제가 없을 텐데 왜 이렇게 틀린 답이 도출된 것일까?'

한편 경험론은 지각이야말로 인식의 기원이라고 여기기 때문에 이성이라는 것을 의심한다. 논리가 중요하다고 말들은 하지만 인과율은 왠지 거짓말 같다. 그렇다면 뉴턴 역학마저 의심스러워지고, 더구나 그렇게 의심스러운 이성에 의해 합리론자가 증명하는 우주의 끝이라든가 신이라든가, 그런 것은 이해할 도리가 없다. 이처럼 합리론이 독단론(합리론이 단순한 착각이라는 주장)이라는 막다른 길로, 경험론이 회의론(경험론을 인정하면 우리는 '존재'나 '동일' '인과관계' 등의 보편적 개념을 가질 수 없다는 주장)이라는 막다른 길로 빠져든 결과 철학은 진퇴양난이 되고 말았다.

여기에 한 조언자가 나타났다. 그는 합리론과 경험론이라는 두 남녀를 잘 타일러 미로에서 데리고 나왔던 것이다. 앞에 제시했던 남성들은 유학을 떠난 그녀를 포기하고 가까운 곳에서 새로운 교제를 시작했다. 한편 이와 다른 경우의 여성은 이 세상에도 사랑은 존재하는 것이라는 확증을 얻고 교제 상대와 결혼했다. 이때 중개를 맡은 것이 칸트였다.

# 모든 것은 내 생각에 따른다

## 코페르니쿠스적 혁명

로크나 라이프니츠는 인식이 대상에 의존하고 그것을 '모사'한다는 인식론을 주장했다. 이에 대해 칸트는 대상은 인식에 의존한다고 생각했다. 그는 이 발견을 지동설 발견에 비유하며 '코페르니쿠스적 혁명'이라 이름 붙였다.

칸트는 처음에는 합리론의 입장을 지지했던 철학자다. 그러나 그는 흄의 회의론을 접하고 난 후 비로소 '독단의 꿈에서 깨어났다'고 말했다. 합리론의 폭주를 멈추게 하고 흄의 회의론에서 과학적 인식의 확실성을 지켜내야 한다고 그는 다짐했다. 그러나 흄의 인과율 부정이라는 폭탄은 과학 자체를 파괴해버린다. 이대로 가면 큰일이 일어나겠다고 직감한 칸트는 이성을 비판하고(마치 재판관을 재판한다는 느낌), 동시에 상실된 자연과학의 기초를 되찾음으로써 지금까지와는 다른 새로운 방법에 의한 이성의 길을 개척하는 일을 스스로의 사명으로 삼았다.

칸트는 인간의 인식이 경험과 함께 시작된다는 경험론의 입장을 일단 인정한다. 그렇다고 모든 인식이 경험에서 유래하는 것은 아니라는 점을 간과하지는 않았다. 경험으로 알 수 있는 것도 있지만 경험을 토대로 하지 않은, 선험적인 판단도 있다고 그는 설명한다.

서류와 정리 선반을 떠올려보기 바란다. 무작위로 쌓아 놓아버리면 손에 잡힌 문서가 어떤 서류인지는 알 수 없다. 하지만 정리 선반에 들어간 서류는 날짜나 크기, 또는 내용 등의 분류에 의해 그것이 무엇인지 금방 알 수 있다. 칸트는 우리의 인식도 이와 같은 구조로 되어 있다고 말한다. 칸트에 의하면 객관(서류)은 주관의 기능(정리 선반)에 의해 구성되어 있다. 우선 감성에 의해 대상이 부여되고, 그 다음 이 대상은 오성悟性에 의해 사유된다. 이를 이성이 크게 아우르는 것이다.

이 세상은 우리로부터 독립되어 존재하는 것이 아니다. 우리가 이 세계를 인식할 수 있는 것은 오성과 이성의 기능이 능동적으로 세계를 완성한 결과 덕분이다. '인식이 대상에 따르는 것이 아니라 대상이 인식에 따르는' 것이다. 칸트의 주장은 우리의 상식을 완전히 뒤집어 놓았다. 이것을 칸트는 스스로 코페르니쿠스적 혁명이라고 칭했다.

하룻밤에 읽는 서양철학

우선 칸트는 합리론자를 비판했다. 그들이 주장하는 이성만능주의는 잘못되었다고 봤다. 신, 영혼, 자유, 우주의 끝, 물질의 최소 단위 등 그들이 말한 것으로는 아무리 생각해도 이해할 도리가 없다. 그것들은 경험할 수 없는 영역이기 때문이다. 칸트는 그 영역을 물자체物自體라고 불렀다.

칸트는 이처럼 우리의 이성 능력이 경험 불가능한 것을 구태여 생각하는 데 문제가 있다고 보고 이성을 비판했다. 모든 물체에는 그것을 만들어 낸 주체가 있다. 그러므로 세계도 이것을 만들어 낸 주체(창조주)가 있다. 이러한 추론은 경험은 제쳐두고 이성만이 겉돌고 있는 상태다. 마치 새가 우주로 튀어나가 날갯짓하고 있는 듯한 상태라고 할 수 있다.

경험해볼 수 없는 일에 이성을 사용하면 이율 배반에 빠지게 된다. 그러므로 당시와 같은 상태로서의 합리론적인 형이상학의 학설은 얼핏 생각하기에 앞뒤가 맞는 것처럼 보이지만, 사실은 모조리 오류라며 칸트는 그것들을 부정했다.


이어서 그는 흄의 회의론을 비판한다. 흄의 사상은 우리가 인과율에 따라 정리하고 납득했던 다양한 사상事象을 모조리 백지로 돌려놓으려는 의도를 가지고 있었다. 예를 들자면 그의 사상은 규칙이 정해져 있는 축구경기를 하다가 도중에 '손으로 공을 잡지 못할 이유는 없다'고 말하는 것과 같다.

칸트에 의하면 우리는 서로가 같은 사고 장치를 갖고 같은 세상에 살고 있다. 그러므로 이성적인 판단은 이 세계에 있어서는 항상 옳다. '인과율이나 자연 법칙까지 의심할 필요는 아예 없다'라는 것이 된다. 틀림없이 내일도 해는 동쪽에서 떠오를 테니까.

# 자유가 있다는 것을 알고 있다

이론의 대상이 되는 세계는 인과율이나 공간·시간의 개념에 속박되어 있었다. 여기서 인간은 자유·불사·신 등의 이념을 추구할 수가 없다. 그러나 실천의 세계에서는 이성과 외적 사물을 떠나 이성과 의지의 관계를 보면 된다. 여기에 이르러 인간은 자유뿐 아니라 불사, 신이라는 이념의 확실성을 되찾을 수 있다.

지금까지는 《순수이성비판》에서 다루는 '인식에 대한' 이성의 이야기였다. 이제부터는 《실천이성비판》의 이성, 즉 욕망을 억누르며 분발하지 않으면 안 된다는, '도덕에 대한' 이성의 이야기다. 지금까지 봐왔듯이 칸트는 합리론의 폭주를 막고 경험론의 모순을 해결했다. 그런데 여기서 새로운 문제가 생겼다. 우리의 자유의지가 상실된 것이다.

우리가 사는 현상세계는 우리 자신이 인과율이라는 프리즘을 통해 인식하고 있는 공간이다. 이 세계에서 인과율을 벗어날 수 있는 사상事象은 아무것도 없다고 봐야 한다. 모든 것은 '만약 A라면 B이다'라는 법칙에 따라 설명이 가능할 것처럼 보인다.

여기서 스피노자의 결정론을 상기해보자. 결정론에 의하면 모든 것이 결정되어 있는 이 세계에서 우리의 자유의지는 없다. '아니, 나는 내 의지로 행동했는데?'라는 반론이 나올 수 있다. 과연 그럴까? 만약 인과율에 지배당한 신체를 이용하여 인과율의 극치인 과학에 의해 탄생한 전철에 탄 것이라면 어떨까? 이 경우 어디에 자유가 있는 걸까? 모든 것은 도미노 게임에서 패가 쓰러지듯 순서가 정해져 있던 건 아닐까?

이처럼 스피노자는 어떤 행위에는 반드시 그에 선행하는 행위가 있으며, 그 행위의 발생은 자신의 의지와는 무관하다고 생각했다. 흄의 회의론에서 구출된 이 결정론적 세계는 선택의 자유가 없는 세계가 되었다.

예를 좀더 들어보자. 책을 일단 덮고 눈앞에 있는 펜을 자유의지로 집어든다. 어떤가. 이 행위가 이루어지는 동안에 당신은 자신의 자유의지를 느꼈는가? 생각해보자. 당신이 펜을 손에 들었다는 행위는 이 책의 지시에 그 원인이 있다. 즉 여기에는 자유의지가 개입할 여지가 없다는 결과가 되고 만다. 이 논리는, 얼핏 앞뒤가 맞는 것처럼 보이지만 왠지 개운치 않다.

- 테제 : 자연법칙에 의한 인과뿐 아니라 자유에 의한 인과도 있다.

↓

- 안티테제 : 자유라는 것은 없으며 모든 것이 자연의 인과법칙에 따라 일어난다.

만약 당신에게 자유가 없다면 행위의 최종 결정권을 갖고 있지 않다는 의미가 된다. 따라서 어떤 행위에도 책임을 따질 수는 없다. 이 논리대로라면 범죄자는 '그건 사고지요'라며 자신의 외부에 책임을 전가할 수 있게 된다. 상식적인 감각으로 우리는 자신에게 자유가 있음을 알고 있다. 그렇다면 논리에서 발생하는 이 딜레마는 어떻게 해결하면 좋을까?

# 내 의지가 모두의 의지일 때

정언명령

도덕적 자유란 어떤 권위에도 굴복하거나 구속되지 않고 자기의 실천생활을 스스로 규제해나가는 것이다. 그리고 그것이 다름 아닌 바로 인간의 존엄이다. 인간은 어디로부터랄 것도 없이 들려오는 무조건의 명령에 귀를 기울일 때 비로소 자유로울 수 있다.

칸트는 루소Rousseau의 저서 《에밀Emile》을 읽고 깊이 감동했다고 한다. 이때만큼은 정확하게 지켜오던 일과인 산책도 잊어버렸다고 한다. 칸트의 산책은 놀라울 정도로 규칙적이었다. 매일 똑같은 시간에 정해진 곳을 걸었기 때문에 마을 사람들이 그의 모습을 발견하면 시계를 맞추곤 했다고 전해질 정도다. 아마도 그날은 온 마을의 시계가 엉망이 되었을 것이다.

칸트가 《에밀》에 감동한 것은 거기에 인간의 자율 정신, 스스로 자신을 제어하는 모습이 그려져 있었기 때문이다. 우리 일상 속에서 자율 정신이 기능하고 있는 것을 관찰하려면 어떻게 해야 할까? 인과율에 따르지 않는 행위를 찾으면 된다. 그런 행위가 있으면 인간은 자유롭다는 의미가 된다.

우리는 대개 '만약 이 일을 하면 돈을 벌 수 있다' 등으로 생각하면서 살아가고 있다. 이것은 인과율에 따른 마음의 명령, 바로 정언명령假言命令이다. 거꾸로 말해 우리는 돈을 받지 못할 것 같으면 일을 하지 않는다. 얼마든지 게으름을 피운다.

그러나 인간은 강에 빠진 아이를 자신의 목숨을 아끼지 않고 구하고자 한다. '만약 이 아이를 돕는다면 나중에 사례를 받을 수 있지'라고 계산하고 행동하지는 않는다. 이때는 '무조건 아이를 구해야 한다'라는 명령이 마음속으로 퍼진다. 이 무조건의 명령(정언명령)에는 인과율이 존재하지 않는다.

강에 뛰어드는 행위는 자신의 의지로 결정한 것이다. 이때 인간은 인과관계에 지배되지 않는다. 사실 여기에 자유가 있다. 즉 인간은 자신의 이해나 욕망에 좌우되지 않고 도덕적인 명령에 걸맞은 행위를 했을 때 비로소 자유를 획득할 수 있는 것이다.

이 명령은 대체 어디에서 오는 걸까? 적어도 인과율에 지배당한 현상의 세계에서 오는 것은 아니다. 그것은 현상을 초월한 '물자체'의 세계에서 던져진 목소리다. 그것은 신의 명령인지도 모른다. 이렇게 칸트는 자연법칙과 마찬가지로 도덕의 세계에도 법칙을 세웠다. 이것을 도덕법칙이라고 부른다.

> 네 의지의 격률<sup>格率</sup>이 항상 동시에 보편적인 입법의 원리로서 타당할 수 있도록 행위하라.
>
> —《실천이성비판》

예를 들면 담배꽁초를 아무 데나 버리는 것을 '보편화'하여 본다. 다시 말해 모든 사람이 아무 데나 버렸다고 하자. 그러면 어디나 담배꽁초로 엉망이 되고 결국 자신도 담배를 피울 수가 없다. 이처럼 도덕법칙에 어긋나는 행동을 하면 그 자체가 모순을 포함하게 된다. 그러므로 아무 데나 버려서는 안 된다는 결과가 나온다.

당신도 스스로에게 '○○해야 한다'라고 지시해보라. 이렇게 되면 안 되고 저렇게도 아니라고. 나중의 결과나 과거의 원인을 시시콜콜 생각하는 것과 달리, 정신적으로 편해질 수 있을 것이다.

하룻밤에 읽는 서양철학

# 9

# 헤겔
## Hegel

절대적 관념론

---

모순을 명쾌하게
해결한다

# 진실을 바로 마주하는 방법

헤겔의 철학은 당시까지 없었던 독특한 발상으로 진리를 파악하는 방법에
대해 설명했다는 점에서 의의가 있다. 그는 우리가 마주한 세계 전체가 진리
라는, 사고와 존재가 동일하다는 입장을 취한다.

SNS에서 다음과 같은 고민의 글을 종종 본다. '세상은 무엇이
옳고 무엇이 그른 걸까?' 이것은 우리가 매일 겪는 당황스러움을
보여주는 문장이다. 자신이 옳다고 확신했던 일을 다른 사람이 비
판하면 대개의 경우 상대가 잘못 알았을 거라는 생각이 자연스레
든다.

'이거면 반드시 팔릴 거야'라고 확신했던 상품 콘셉트에 대해 동

료나 상사로부터 비난을 듣기라도 하면 '이 사람들은 실상을 알지 못하고 있는 게 아닌가' 하는 생각이 든다. 하지만 그 '실상'이 절대적으로 참이라는 것은 누가 알 수 있을까? 자기 자신인가, 동료인가 아니면 상사인가? 설령 누군가가 '실상'을 알고 있었다 해도 그것을 확인할 사람은 누구일까?

결국 정말로 팔릴지 여부에 대해서는 실제로 판매를 해보지 않으면 알 수가 없다. 다시 말해 어떤 지식이 진실인지는 그것이 실현되어가는 과정에서 밝혀진다. 개개인이 이러쿵저러쿵 생각을 개진해봐야 소용없는 일이다.

자신의 생각이 옳다고 생각하는 것은 죄가 아니다. 그러나 앞뒤가 꽉 막힌 채로 남의 비판을 듣지도 않고 잘못된 착각을 관철시키려는 사람에게는 지식의 확장이 일어날 수 없다.


소크라테스가 말했듯 지식이라는 것은 처음에는 착각에서 시작해 다양하게 문답을 나누고 음미해나가는 중에 차츰 수정되는 것이다. 철학의 역할은 착각을 타파하고 더욱 커다란 사고로 고양시켜가는 방식을 제공하는 데 있다.

헤겔이 소개한, 진리를 찾아가는 법이 갖는 장점은 '경험치를 높이는' 데 있다. 그의 철학을 연구하다 보면 롤플레잉 게임처럼 자신의 의식 수준이 차츰 올라간다. 그가 개발한 사고법을 인생에 적용해보는 것은 스스로의 삶에 크게 도움이 된다.

# 만질 수 없다고 없는 것은 아니다

감각에 앞서는 물자체

감각으로 느끼고 인식할 수 있는 것들을 진리라고 생각하는 주장, 즉 '감각
적 확신'을 헤겔은 부정적으로 바라봤다. 그것이 진리가 아닐 경우, 반대로
뒤집히는 경우들을 예로 들며 감각만으로 믿는 것이 얼마나 부정확한지 설
명한다.

칸트 철학은 철학 역사 전체에서 훌륭한 성과를 올렸다. 칸트는
철학 역사상 영웅이다. '모든 철학은 칸트로 흘러들고 칸트에서 흘
러나온다'라는 찬사가 있을 정도니까 말이다.

그의 설에 의하면 우리는 각각 비슷한 성능의 인식 장치를 갖고
있다. 모두가 같은 규격의 리더기를 갖고 있는 것과 같다. 바로 그
렇기 때문에 무수하게 존재하는 인간이 비슷한 경로로 접한 똑같

하룻밤에 읽는 서양철학

은 영화를 보고 똑같이 감동할 수 있는 것이다.

그렇다면 우리가 감동하는 영화의 정체는 무엇일까? 그것은 정확하게 말하면 그 파일 안에 있는 자기 신호<sup>磁氣信號</sup>다. 우리는 인식을 위한 장치인 리더기가 있기 때문에 비로소 파일 안에 있는 콘텐츠를 재현할 수 있다. 우리는 자기 신호 자체를 인식할 수 있는 것은 아니다. 이처럼 인식되기 이전에 모습을 나타내는 본체를 두고 '물자체'라고 했다.

이상한 이야기라는 생각이 들지 않는가? 있기는 하지만 알 수는 없다니. 보이지 않는데 앞에 존재한다니. 뭔가 속고 있는 듯한 느낌이 든다. 어떤 방법으로 '물자체'를 훔쳐보고 싶지만 칸트의 도식에 따르는 한 그것은 무리다(동양 사상에서는 명상함으로써 그 본체를 직접 파악하려고 시도한다). 헤겔이라는 사람은 이처럼 인간에게는 기능을 작동시키는 일이 불가능한 '물자체'를 요술처럼 사라지게 했다. 헤겔의 주장에 의하면 이성의 힘을 이용하면 세계 구석구석까지 알 수 있다고 한다.

헤겔의 사상 체계는 당시 너무 완벽했기 때문에 등장하자마자 근대 철학의 챔피언 자리를 차지했다. 과거에는 '헤겔 철학 이외에 철학은 없다'라는 말까지 회자되던 시대도 있었다. 그렇다면 그는 어떤 사고법을 만들어냈을까?

# 모순이 있어야 맞는 논리법

### 헤겔의 변증법

변증법이란 헤겔이 감각적 확신을 비판하기 위해 사용한 방식으로, '존재 및 구체적인 현실의 운동·변화를 지배하는 윤리'다. 동시에 '모순과 대립, 그리고 그것을 지양함으로써 발전하는 운동과 변화를 파악하는 사고'이기도 하다.

인생은 예기치 못한 사건의 연속이다. '이거야말로 진실이다'라고 생각한 다음 순간 그것은 부정당한다. 건강한 사람도 감기에 걸린다. 죽을만큼 사랑하는 연인이 생기지만 순식간에 마음이 돌아선다. 프로야구 팀들은 이겼다가 졌다가 한다. 어렵게 취직했는데 얼마 못가 정리해고를 당한다.

그러나 이렇게도 말할 수 있다. 감기에 걸리지만 낫는다. 헤어진

애인을 뒤로하고 다시 애인이 생긴다. 오늘 지는 야구팀이 내일은 바로 이긴다. 실업자가 되었지만 좋은 곳으로 이직할 수 있다.

이처럼 좋은 일과 나쁜 일은 반드시 번갈아 찾아오기 때문에 어느 것이 옳은 상태라고 단정지을 수 없다. 순조롭지 않는 일은 다음에 올 좋은 일의 단서다. 부정당함으로써 새로운 측면을 발견할 수 있다. 대립이 있기 때문에 비로소 변화가 있다. 모순이 있기 때문에 더욱 앞으로 나아갈 수 있다. 모순들이 없으면 우리는 물체를 인식하는 것도, 어쩌면 살아가는 것도 불가능하다. 이처럼 '모든 일은 모순·대립하면서 나아간다'는 것을 변증법이라고 한다.

어린 시절을 떠올려보자. 처음 글자를 배우기 시작했을 때 '아'를 '어'라고 쓰기도 한다. 시간이 지날수록 처음에는 제대로 읽거나 쓰지 못했던 것을 되풀이하면서 배워나간다. 가령 '아'를 '어'로 잘못 쓴 아이가 "난 '아'와 '어'를 제대로 구별할 능력을 갖지 못한 인간이야. 내 한계야. '아'나 '어'의 물자체를 인식하기란 미래에도 영원히 무리야" 하고 포기했다면 그 아이의 성장은 그 시점에서 멈춰버리게 된다.

지식을 늘려가는 일 안에는 모순이나 잘못이 이미 포함되어 있기 때문에 학습은 옳은 일을 향해 나아가는 통과점이 된다. 완벽하게 맞아떨어져야 한다는 사고방식을 바꾸기 바란다. 오히려 모순에 대해 감사해야만 한다. 세계는 착각의 총체다. 인간은 그 안에서 단련되고 힘을 늘려가도록 만들어졌다.

# 그러나, 그래서, 결국엔

변증법의 정반합

변증법은 모든 일상에 대입 가능한 사고방식이었다. 발견한 문제, 모순을 명쾌한 결과로 이끄는 데 큰 몫을 했다. 이런 과정이 거듭되고 쌓일수록 헤겔은 가장 최고의 형태인 철학에 가까워진다고 생각했다.

간단한 실험을 해보자. 눈앞에 찻잎을 넣는 통이 있다고 하자. 우선 그것을 있는 그대로 본다. 보는 일에 대해서는 아무런 의문도 대립도 없다. 이때 의식의 외부에 뭔가 동떨어진 물체가 있다고 생각해서는 안 된다('의식의 외부'와 의식하고 있는 것 역시 자신의 의식에 불과하기 때문에).

다음에 차통을 들고 그 형태에 대해 생각해본다. 차통은 정확하게 어떤 모양인가? 둥글지도 않지만 직사각형도 아니다. 그것은 원통형이며 원형도 직사각형도 아니다. 그 형태에 대해 생각할 때의 내 의식은 다음과 같이 기능할 것이다. '이 모양은 둥글지는 않군. 직사각형도 아니야. 그럼 뭐지. 그래, 이건 원통형이야.'

차통의 모양에 대해 생각하는 것은 모순이나 대립을 해소하고 사고의 새로운 단계로 나아가는 과정이다. 이 자체가 변증법 자체를 보여주고 있다. 이렇게 해서 우리는 세상 안에 있는 사물의 존재 방식을 파악해나간다. 이제 칸트의 '물자체(인간)은 인식할 수 없는 영역'에 대해 생각할 필요는 없어졌다.

모든 현상은 ① 아직 모순이 표면화되지 않은 안정된 단계(정正, 즉자即自), ② 모순이 드러나는 단계(반反, 대자對自), ③ 모순이 해소되고 고양되어 보존되는 단계(정이나 합合, 즉자)를 거치며 변증법적으로 전개된다. 연약한 근육(즉자)은 헬스클럽에서 무게를 드는 운동(대자)에 의해 튼튼하게 변한다(즉자). 현재 가진 성적(즉자)으로는 합격할 수 없겠구나 싶은 생각이 들어 힘든 입시공부를 함(대자)으로써 성적은 올라간다(즉자). 그것만이 아니다. 감기에 걸렸을 때 항체가 생겨 치유되는 구조에서도 변증법은 찾아볼 수 있다.

도심에 자리 잡은 빌딩들을 떠올려보자. 인간이 저렇게 높은 빌딩을 만들어냈다. 저 건물은 도구를 사용하여 새로운 도구를 만들고, 그 도구를 다시 새로운 도구로 만드는 식으로 구석기 시대의 타제 석기가 조립용 크레인으로 진보하고 발전한 결과다. 이것은 사고나 지식이 점점 향상되어가는 과정 자체다.

지식이 성장함에 따라 대상을 보는 방식도 달라진다. 그 대상은 어디에 있는 걸까? 그것은 의식 위에 있다. 즉 대상을 아는 것은 자신의 의식을 마주하는 일이고 자신을 아는 일이다.

# 스스로를 확신하는 과정이 자유다

변증법을 통해 정신이 발전해나가면 최종적으로 외계에는 정신에 대립하는 것이 없어진다. 이때 정신은 절대의 자유를 획득하고 '절대정신'이 되어 절대자를 파악하게 된다. 절대정신이 자아를 자각하면서 자기실현의 과정을 겪으며 이루려는 목적은 '자유'다. 역사의 주역은 정신이고, 정신의 본질은 자유다. 헤겔은 프랑스 혁명 또한 절대정신의 자기실현 과정이라고 봤다.

헤겔은 스피노자와 마찬가지로 범신론자였다. 그는 "책상이나 컵, 버스나 전차, 바다나 산과 같은 대자연 등 세상에 있는 모든 것은 절대정신(신은 이성의 모습이다)이고 그 본질은 자유다"라고 했다. 나아가 헤겔은 이 견해를 역사에도 적용시켜 절대정신의 모습으로서의 세계사는 자유를 실현하는 방향으로 전개되어 간다고 생각했다. 여기서 고대 오리엔트, 고대 그리스, 게르만 세계라는 역사의 전개를 떠올려보자. 역사가 시작된 이후로 초기에는 왕밖에 자유를 갖지 못했다. 그러나 시대가 바뀌면서 많은 사람이 자유를 획득했다.

그 과정에서 사람들은 안정된 시대가 갖고 있는 모순을 견디지 못하게 되었고 전혀 새로운 시대로 돌입했다. 그 과정은 변증법 자체다. 헤겔에 의하면 '이성이 역사를 지배'하기 때문에 설사 역사에 부정적인 요인이 숱하게 많았어도 이를 변증법적으로 극복하면 완벽한 상태로 나아가고 있는 과정이라고 봤다.

변증법은 우리의 일상생활에서도, 역사에도 적응할 수 있는 포괄적인 사고방식이다. 모쪼록 자유를 찾아가는 과정에서 잘 활용해보기 바란다.

# 근대 철학의 흐름

(1600년 ~ 1800년)

## 데카르트

- **방법적 회의**
- "의심하는 나는 확실하다"
- "나는 생각한다. 고로 나는 존재한다."

## 스피노자

- **범신론** : 신과 세계는 질적으로 같다
- 눈앞에 존재하는 모든 것은 신이다
  (자연신학)

## 로크 ― 버클리 ― 흄

- 인간오성론 → 관념론 → 회의론 = **경험론**
- 태어날 때부터 아는 것은 없다 : 백지 상태
  (tabula rasa)

## 칸트

- 합리론 비판 + 경험론 비판 = **비판철학**
- 결과에 상관없이 선善이며, 모두의 의지일 것 : 정언 명령

## 헤겔

- 관념론, 절대정신《정신현상학》
- 정正·반反·합合을 통해 얻는 완벽한 논리 : **변증법**

# 3장

# 인간에게 존재를 묻다

## _ 현대 사상

# 10
## 키르케고르
### Kierkegaard
신 앞에 선 단독자

---

좌절하는 것이
당연하다

# 그 철학은 삶을 구원할 수 없다

모순을 명쾌하게 해결하는 것처럼 보였던 헤겔의 철학에도 문제는 있었다. 그의 주장에 의하면 객관적인 전체가 합리적으로 진행되고 있으면 주관을 가진 각 개인의 감정이 좋든 나쁘든 아무 상관이 없었다. 헤겔의 역사철학에 대해 다른 철학자들은 제국주의나 무분별한 차별과 폭력 등을 문제 삼으며 비판했다.

어린 시절, 저녁 밥상에 싫어하는 반찬이 올라와 불평을 하면 어머니가 "뱃속에 들어가면 다 똑같아. 얼른 먹어"라고 타이르던 기억이 가끔 떠오른다. 옛날에는 어느 가정이나 반찬 투정이 심한 아이는 그런 말로 타이르곤 했다.

당시는 이 타이름이 상투적인 말로 들렸는데, 어른이 된 지금 생각하면 괴로운 설교 같다는 생각이 든다. 만약 아이가 "뱃속에 들어

하룻밤에 읽는 서양철학

가서 다 똑같아진다면 어째서 여러 종류의 음식이 있어?" 하고 물어온다면 어른인 당신은 어떻게 대답하겠는가?

'뱃속에 들어가면 다 똑같으니까 얼른 먹어버려'라는 생각은 다음과 같은 논리를 함축하고 있다. '음식은 화학 물질이고 위에서 소화되면 여러 분자로 분해되어 영양으로 흡수된다. 음식을 먹는 행위는 영양을 섭취하기 위한 것이므로 위에 들어가면 다 똑같다.' 영양의 균형 문제는 논외로 치더라도 완전 잘못된 이야기는 아니다.

하지만 우리는 어째서 이렇게 이치에 맞는 이야기가 왠지 거짓말 같다는 느낌이 드는 걸까? 그것은 음식이 소화되어 영양분이 된다는 것은 화학 분야의 객관적인 지식일 뿐 지금 내게는 그 사실이 실감나게 느껴지지 않기 때문이다.

지금의 내가 느낄 수 있는 것은 음식의 맛, 풍미, 모양 등의 총체적인 것이다. 그러므로 위 속에서 일어나는 생화학 반응이 자신의 싫고 좋음을 바로잡는 이유는 되지 않는다(그렇다고 싫고 좋음을 정당화해서는 안 되겠지만).

이런 표현은 우리 일상생활 곳곳에서 볼 수 있다. '옷은 입을 수만 있으면 뭐든 상관없다'라든가 '자동차는 굴러가기만 하면 돼' 등이다. 그런 표현에 공통되는 논리는 '사소한 일은 신경 쓰지 말라' '합리적이라면 그걸로 족하다'라는 것이다.


이런 것들은 일상적인 비유지만 이와 매우 비슷한 견해를 이용한 철학이 있다. 전체가 목적을 향해 합리적으로 진행되기만 하면 다소의 불편함은 어쩔 수 없다는 의미로 해석될 수도 있다. 그것이 헤겔 철학이다.

예를 들어 만약 당신 회사의 사장이, "사원 가운데 일을 너무 지나치게 많이 해서 과로사하는 사람이 있더라도 그의 희생은 긴 안목으로 보면 회사 전체를 위해 덮는 게 좋을 테니 어쩔 수 없다"라고 말했다면 당신은 절대 납득하지 않을 것이다.

그런데 헤겔의 양적 변증법에 의하면 역사라는 것은 절대정신의 자기전개로서의 이성적, 합리적 시나리오대로 나아가고 있다. 그의 말대로라면 얼핏 생각하기에 불편한 일이 일어나도 그에 대해 불평을 할 수 없다는 의미가 되고 만다.

헤겔 철학은 근대 사상의 종말에 위치한다. 왜냐하면 키르케고르, 니체 등 현대 사상가로부터 총공격을 받았기 때문이다. 현대 사상은 근대 사상의 거인인 헤겔을 극복하는 데서 출발했다.

# 인생은 이치대로 흘러가지 않는다

《죽음에 이르는 병》

실존Existenz이라는 개념은 이미 셸링Schelling이 주장했지만 키르케고르는 여기에 '자기 자신의 생에 대해'라는 뉘앙스를 추가했다. 실존이란 가능한 존재도 추상적 존재도 객관적 존재도 아닌 지금, 여기에 살아 있는 현실적, 구체적, 주체적인 나의 존재를 말한다.

연인에게 버림을 받았다고 생각해보자. 친구가 어깨를 두드리며 "네가 차인 것은 변증법에 따른 현상이었어. 연애라는 안정된 관계에 모순이 생겼고 그 모순을 계기로 발전된 결과가 현재라고. 그러니까 모든 게 잘될 거야" 하며 위로를 한다면 전혀 위로받은 느낌이 들지 않을 것이다. "지금 버림받은 상태를 부정하는 새로운 만남이 찾아오면, 새로운 연애가 시작될 거야"라고 말해주면 다소 격려를 받은 느낌이 날 수도 있다. 하지만 변증법에 따르면 앞으로의 그 만남도 다시 헤어짐으로 이어진다.

키르케고르는 헤겔의 철학이 객관적 진실의 체계이기 때문에 '내 입장에서의 진리다운 진리(주관적 진리)'가 존재하지 않는다는 데에 큰 불만을 가졌다. 헤겔은 그리스도교를 철학에 편입시켜 신앙과 이성을 포용하는 형태로 만들었지만, 그 신앙은 살아 있는 자신과는 아무런 관계가 없는 신앙이었다.

내가 그것 때문에 살고 그리고 그것 때문에 죽고 싶다고 여길 만한 이데아를 발견하는 것이 필요하다.

– 《수기手記》

그는 여기에 나오는 '나'를 무엇과도 바꿀 수 없는 존재라는 의미로 사용했다. 이것을 두고 그는 실존이라 불렀다. 나를 대신해 다른 사람이 화장실에 가서 볼일을 봐줄 수는 없다. 화장실에 가는 것은 실존으로서의 나일 수밖에 없다.

키르케고르의 주장으로는 바로 지금 현실에 살고 있는, 대체 불가능한 '나'는 자기 자신을 상실하거나 신을 잊고 오만해지거나 자포자기가 되기도 한다. 여기서 절망이 시작된다. 이것이 인간의 '죽음에 이르는 병'이다.

　　　　　　　　　　　　　　하룻밤에 읽는 서양철학

# 이것이냐 저것이냐

인간은 몸과 마음, 무한과 유한, 영원과 시간, 자유와 필연 등 두 관계 사이에 끼어 분열한다. 이 가운데 어느 하나가 한쪽으로 치우칠 때, 그것이 바로 자기상실이자 절망이다. 절망에는 의식의 정도가 얼마나 깊은가에 따라 ① 자신의 절망적인 상태를 의식하지 못하는 절망, ② 절망적인 상태를 알고 있으나 자신의 것임을 인정하지 않는 절망, ③ 절망을 알고 있으면서도 여전히 절망적인 자신이고자 하는 절망으로 나뉜다.

"무릇 인간은 자기 자신이 되어야 한다는 사명을 가진 자기로서 창조되어 있다"고 설파하는 키르케고르는 우리가 절망에 이를 수밖에 없는 숙명적인 이유를 밝혔다.

인간은 자신의 본성이 한정되어 있지 않다는 것에 대해 끊임없이 불안을 갖고 있다. 그 불안은, 인간은 자유를 갖고 있음에도 불구하고 자기 자신에게 어떻게 적용시킬지는 결국 스스로 결정해야 한다(자기 자신을 어떻게든 해야만 한다는 부자유)는 상황에서 비롯된다.

인간은 자기 자신과 잘 사귀어 나가야만 한다. 그것은 엄청난 정신적 노력이 필요한 일이다. 그러나 거꾸로 말하면 우리는 자기의식의 내용에 따라, 이를테면 자기를 계발하는 방법 등으로 자신의 인생을 바람직한 방향으로 이끌어갈 수 있는 가능성을 제각기 지니고 있는 것이다.

> 그가 의지를 갖는 것이 많으면 많을수록 그는 또한 많은 자기의식을 갖는다.
>
> ─《죽음에 이르는 병》

우리는 항상 어느 학교에 진학해야 할지, 어떤 회사에 취직해야 할지, 어떤 상대와 결혼해야 할지, 전직을 해야 할지, 부모를 어떻게 모셔야 할지 등의 형태로 자기 자신에 대해 생각하고 고민한다. 인간은 계속 스스로와 마주하는 존재이기 때문이다. 우리는 자신에 대해 이렇게 결정할까, 저렇게 행동할까 등으로 생각해보면서 자기라는 것에 대한 의식을 심화해나간다.

그러나 우리가 자신에 대해 생각하면 할수록 '이대로는 안 된다'는 초조감과 절망감이 깊어진다. 다시 말해 자기의식이 강해지면 강해질수록 절망의 정도도 늘어난다. 이 절망은 두 가지로 나눌 수 있다.

하룻밤에 읽는 서양철학

① 절망하고 있는 자신으로부터 도망치려고 하지만 다른 사람이 되려 하지 않는다.

② 절망 때문에 자신을 증오하면서도 비참한 자기 자신의 상태 그대로 살아가려고 한다.

'이대로는 안 돼. 지금도 열심히 살고 있기는 하지만…'이라는 절망과 '나는 얼마나 형편없는 인간인가. 하지만 나는 이렇게 살 수밖에 없어'라는 절망. 어떤 절망이든 마찬가지로 비참하다.

키르케고르는 절망은 질병이라고 말한다. 그것도 '죽음에 이르는 병'이라고 했다. 이 질병에 걸리는 건 인간뿐이다. 그러나 그것은 인간이 동물 이상의 존재라는 증거다. 그러므로 절망하는 것은 좋은 일이라고 말할 수도 있다. 이 질병에 걸리지 않는 존재는 오히려 불행할 수도 있다.

# 좌절이라는 도약의 발판

## 실존주의

키르케고르는 실존의 문제에서 가장 최고의 경지를 종교에 두었다. 신의 존재와 나의 존재를 연관시키는 것처럼 시간과 영원, 가능성과 필연성, 신체와 영혼 등 같이 있을 수 없는 모순된 존재들이 함께 존재하도록 하는 것이 최고 단계의 실존이라고 생각했다.

키르케고르는 우리가 걸어가는 길을 '실존의 3단계'로 나타냈다. 이것은 살아가는 데 하나의 지침이 될 수 있다. '실존의 3단계'는, ① 미적 실존/감성적 실존, ② 윤리적 실존, ③ 종교적 실존이라는 순서로 이어진다.

우선 제1단계인 미적 실존이란 인생의 모든 쾌락에 몸을 맡기는 삶이다. 돈을 갖고 싶고, 연인을 갖고 싶고, 맛있는 음식을 먹고 싶

하룻밤에 읽는 서양철학

고 등 '인생은 즐기면 되는 거야'라는 향락적인 삶이다. 꽤 오래 전에 텔레비전에서 출가해 불문佛門에 든 사람을 취재한 프로그램을 본 적이 있다. 거기에 전직前職 카바레 클럽의 지배인이 출연했다. 그는 넘치는 돈에 싸여 이 세상의 온갖 쾌락을 다 즐겼다. 하지만 어느 날 문득 그렇게 사는 인생에 허무함을 느껴 모든 것을 버리고 출가를 했다고 한다.

이처럼 인간은 쾌락을 구하면서도 결국은 채워지지 않는 허전함을 갖는 존재다. 이처럼 미적 실존은 지루한 것, 우울한 것이 되어간다. 미적 실존의 유형인 사람은 진정한 연애 관계를 가질 수 없다. 한 직장에 있지 오래 못하고 여러 회사를 전전하는 경향도 있다. 쉽게 싫증을 느껴 무슨 일을 해도 오래 지속하지 못하기 때문이다. 이러한 미적 실존의 인생은 이윽고 절망에 빠진다. 그래서 사람은 '이래서는 안 되겠어'라는 마음에 초조해져서 향락적인 생활을 버리고 제2단계인 윤리적 실존으로 나아간다.

윤리적 실존이란 '어떻게 살아야 할까'에 대해 도덕적인 판단을 내리고 그 판단에 따르는 삶이다. 그러나 이런 엄격한 생활 방식이 오래 지속될 수 있을까? 분명 언젠가는 좌절하고 만다. 예를 들면 금연을 결정했는데 다시 피운다든가, 화내지 않겠다고 결심했으나 부하에게 호통을 치기도 하고, 문제집을 하루 열 쪽씩 풀겠다고 결심했는데 작심삼일이 되거나, 헬스클럽에 회원으로 가입하고도 도무지 가지 않는 등 결국은 계획이 흐지부지 끝나는 것이 대부분의 모습일 것이다. 이처럼 인간은 자기 제어를 완벽하게 할 수 없다. 따라서 이 단계에서도 인간은 좌절과 절망에 빠지게 된다.

이 단계를 극복하려면, 어렵게 말하자면 유한한 자기가 자기 자신을 초월한 것으로서 완성된다는, 자신의 절대화가 달성되어야만 한다. 이렇게 되면 다음 단계에서는 신을 찾는 수밖에 없다. 이렇게 하여 실존은 최종 단계로 돌입한다. 키르케고르는 종교적 실존을 최종 목표로 설정했다.

형편없는 내가 구원을 받을 수 있을지 여부는 알 수 없다. 하지만 결과가 어떻든 철저하게 그리스도의 십자가를 믿는다. 여기에 이르러 비로소 실존은 주체적으로 사유하고 철저하게 자기를 살아가는 단독자Einzelne가 될 수 있다.

이치에 맞지 않는 것, 혹은 부조리하다고 여겨지는 것을 정열적으로 믿는 태도는 우리를 절망에서 구하는 길이 되기도 한다. 인생은 늘 부조리로 가득 차 있지만, 뭔가를 올곧게 믿음으로써 미래의 자신을 되찾을 수 있다.

하룻밤에 읽는 서양철학

# 11

# 니체
## Nietzsche

힘에의 의지

---

신은 죽었다
초인을 소망하라

# 정의의 정도는 절대로 알 수 없다

플라톤주의는 이데아도 신도, 그리고 이성에 의해 파악할 수 있는 진리도 모두 현실 이면에 있는 날조된 세계로 간주한다. 이에 니체는 유럽의 철학뿐 아니라 도덕이나 그리스도교도 본질적으로는 플라톤주의와 다르지 않다고 주장한다.

'내 생각은 옳은데 이 회사가 이상하다.' '내 방식이 좋은데 아무도 이해해주지 않는다.' '나는 오해를 받고 있으며, 아무도 진정한 나를 이해해주지 않는다.'

이렇게 한탄하는 당신. 당신은 매우 순수한 마음의 소유자다. 당신이 하고 싶은 말은 아마 이런 내용일 것이다. 이 세상에는 진실이 있고, 이성적 판단에 의해 자신은 그 진실을 올바르게 파악하고 있

　　　　　　　　　　　　　하룻밤에 읽는 서양철학

는데, 그럼에도 불구하고 세상은 그것을 이해해주지 않는다는.

당신은 항상 자신이 절대로 옳다고 우긴다. 하지만 그것이 다른 사람의 확인을 얻지 못하고 자신만 납득 가능한 것이라면 그것은 착각에 지나지 않는다. 당신의 생각은 주관적으로는 옳을지 몰라도 객관적으로는 옳다고 할 수 없다.

그래서 당신은 이렇게 말할지도 모른다. '비록 내가 옳다는 것을 판단할 수 없다 해도, 옳음은 반드시 어딘가에 있을 것이다'라고.

지금까지 살펴본 것처럼 고대로부터 근대까지 철학자들은 한결같이 객관적인 진실은 어딘가에 있다고 믿고 그것을 탐구하는 방법을 설명해왔다. 그들은 이성적인 사고를 거듭해나가다 보면 마지막에는 반드시 진리에 도달할 것이라는, 로고스(이성)에 두터운 신뢰를 두는 철학을 전개했다.

하지만 만약 이 세상에 플라톤, 데카르트, 헤겔 등이 주장한 절대진리가 없었다면 어떨까? '이것이 옳은 것이다'라고 주장하는 사람의 생각의 시비를 판단할 수 있는 사람은 도대체 누구일까? 아마도 그 사람과 같은 의견을 가진 사람일 것이다. 그렇다면 이번에는 그 두 사람의 의견이 옳다는 것을 제3의 인물이 증명해야만 한다. 나아가 제3의 인물의 의견이 옳다는 것을 제4의 인물이 증명해야만 한다……. 이러한 순환이 무한하게 이어지면 결국 누가 최종적으로 그 옳음을 결정하게 될까?

그것은 모든 것을 꿰뚫어보는 존재, 즉 신밖에 없다. 절대로 옳다는 것을 아는 자 외에는 그것을 절대로 옳다고 판단할 수 없다.

하지만 실제로 인간은 신을 제쳐놓고 제각기 자신의 생각이야말로 논리적으로 옳다고 주장한다. 당신에게도 이것만은 틀림없다고 생각하는 진실이 있을 것이다. 하지만 자신의 생각이 다른 사람의 생각과 어긋나버리는 경우는 일상다반사다.

자신이 논리적으로 판단했다고 생각하는 것이 타인에게는 다른 결론이 된다. 그리고 모두가 각각 자신의 생각을 유일하고 절대적인 것이라고 믿고 있다. 사실은 여기에 이성의 속임수가 있다고 니체는 말한다.

> 진리란 그것 없이는 어느 특정한 종種의 생물이 살아갈 수 없는 어떤 종류의 오류다.
>
> -《유고 II, 8.306》

결국 우리가 뭔가를 진실이라고 확신하는 근거는 전혀 객관적이지도, 논리적이지도 않다. 단지 그것을 믿고 있으면 살아가기 편하기 때문에 그렇다고 믿고 있을 뿐이다.

# 괜한 원한을 품은 비뚤어진 마음

힘에의 의지

니체는 플라톤주의 이전의 근원적인 힘, 즉 그 자신 안에 생성의 원리를 가진 채로 살아 있는 자연으로의 회복을 주장한다. 이처럼 자기 안에 존재하는 생성의 원리를 '힘에의 의지'라고 한다. '힘에의 의지'는 더욱 강하게, 더욱 큰 것으로 성장하고자 하는 근원적인 힘이다. 이것이 왜곡되면 변명으로 이데아나 신, 진리 등도 변하게 된다.

사람은 누구나 자신을 더욱 개선하고 싶다는 의지를 갖고 있다. 니체는 쇼펜하우어의 '의지와 표상으로서의 세계'에서 힌트를 얻어 이성에 선행하는 것으로서의 이러한 에너지를 '힘에의 의지'라고 불렀다. 이것은 '존재의 가장 내적인 본질'이고 '원초적인 정동情動의 형태'로 간주된다. 나아가 다른 표현을 이용하자면 자기를 실현하는 힘, 혹은 '욕망' 따위가 된다. 이것은 자기를 고양시키고 성장시키고, 확대시키려는 근원적인 힘이다. 이 힘은 때로 자신의 몰락, 예를 들면 생명이 위험에 처하게 되는 일을 겪게 되더라도 더욱 높은 가치를 창출하려는 역동적인 힘이다.

우리는 이러한 엄청난 힘에 의해 살아가고 있는 셈인데, 유감스럽게도 가혹한 현실에서 이 힘은 항상 짓밟히곤 한다. 더욱 높은 차원으로 성장하고 싶은, 하지만 제대로 되지 않는… 인생은 이러한 실패의 연속이다. 그러면 사람은 이렇게 생각하고 싶어진다. '현재의 한심한 내 모습은 진짜 모습이 아니다, 진실은 어딘가 다른 곳에 있다, 이건 진짜 내가 아니다'라고.

'지금 나는 불행하다. 하지만 하나님 나라에서는 행복이 기다리고 있다. 현실은 거짓이고 피안이 바로 참 세상이다.' 니체는 이러한 사고를 데카당스dekadanz라 불렀다. 특히 유럽의 역사를 지배한 그리스도교가 이러한 전도된 해석을 허용한 것을 보고 그는 그리스도교를 통렬하게 비판했다.

부유한 당신들은 불행하다,
당신들은 이미 위로를 받고 있다.
지금 배부른 사람들, 당신들은 불행하다.
당신들은 굶주리게 될 것이다.

- 《신약성서》, 마태복음

하룻밤에 읽는 서양철학

니체는 이처럼 가치가 역전된 원인은 오로지 증오나 복수심, 즉 르상티망ressentiment에 있다고 했다. 약자가 세상의 불평등한 현실에서 강자를 증오하고, 그 결과 가치의 전도를 꾀하며 상상의 세계에서 이기려고 한다. 그것은 원한, 비뚤어진 생각 때문이라고 그는 말한다.

'저 녀석은 부자야, 하지만 인생은 돈이 전부가 아니지'라는 절규도 니체의 주장에 의하면 르상티망이다. 마음속으로는 돈을 원하면서 막상 돈을 손에 넣지 못하니까 돈 따위는 가치가 없다고 말하는 건, 니체가 보기에 약자의 분개에 불과하다.

이처럼 인간의 내연기관인 '힘에의 의지'가 르상티망에 의해 비뚤어지면 '세상이 나쁘다, 진실은 이렇지 않을 것이다'라는 불평이 터져나온다. 극단적으로 말하면 이 불평이 고도로 발달한 것이 그리스도교이고 지금까지의 철학이었다는 결론이 된다.

# 진짜를 정하는 힘

상대를 위해 자신을 희생하는 것이 '좋은' 행위라고 생각하는 사람들의 생각을 니체는 재해석한다. 애당초 '좋다' '나쁘다'는 지배하는 자가 정한 것이라고 설명한다. '좋다'의 원래 의미는 '고귀하다'였다. 이것을 그리스도교는 이웃을 사랑하는 것, 이타적인 행위를 하는 것으로 해석했다. 니체의 주장은 그리스도교는 본래의 '고귀함'이라는 강력한 가치관을 약자 측에서 왜곡시켰다는 것이다.

혹시 주위에서 이런 이야기를 들어본 적이 있는가.

- 다른 사람의 실수를 내가 뒤집어썼다. 사실은 상대방 책임인데. 하지만 내 일이니까 책임은 내가 전부 져야 한다고 상사는 말한다. 어째서?
- 업무가 산더미 같은데 상사로부터 느리다고 꾸중을 들었다.

일이 느린 것은 상사의 지시가 적절하지 않았기 때문이다. 하지만 모두들 그런 사정을 모른다. 옆에서 보기에 나는 느림보다.

• 새로운 부서로 배치되었기 때문에 일의 두서를 알지 못한다. 하지만 아무도 가르쳐주지 않는다. 이 회사에는 인재를 육성하려는 생각이 없는 모양이다.

자기로서는 상대가 잘못했다고 생각하지만 상대 역시 같은 생각을 하고 있다. 모두들 이 세상의 주역은 자신들이고 옳은 건 자신만이 이해하고 있다고 생각한다.

이럴 때 사람은 상사가 나쁘다, 동료가 나쁘다, 업무가 나쁘다, 회사가 나쁘다 등으로 불평을 하며 왜 그런 것들이 나쁜지 이치를 따지기 시작한다(그 일부는 퇴근 후 술자리에서 들을 수 있다). 그런데 자기 이외의 사람들 역시 스스로의 이치를 내세우려 한다. 그래서 서로의 의견이 부딪치고 논쟁이 벌어진다.

니체의 말에 의하면 이 경우 어느 한쪽이 옳고 그르다고 말할 수 없다. 그렇기 때문에 상대를 논리로 이기려 해봐야 무리고 소용없는 일이다.

여기서 과감히 관점을 달리해보자. 즉 '진실이란 뭘까' 하고 묻는 게 아니라 '왜 그것을 진실이라고 생각하고 싶은 걸까'를 묻는 것이다. '정말 옳은 건 누구일까'를 묻는 게 아니라 '어째서 제각각 다른 사고방식을 갖는 걸까' '누가 이야기하고 있는 걸까'를 물어보고 내면에 숨어 있는 '힘에의 의지'를 폭로하고자 시도한다.

'그는 승진했지만 사실은 실력으로 한 게 아니었어.'
'나는 실패했지만 사실 그건 가정환경이 나빴기 때문이야.'
'그녀가 선택해야 할 상대는 사실 바로 나였어.'

이 '사실'이란 어디에 있는 걸까? 그건 사실 어디에도 없다. 있는 것은 자신이 불만이라고 생각했다는 것과 그렇게 말하고 싶었다는 것, 그리고 그 결과 자신을 더 망치고 있다는 것이다.

'말은 그렇게 하지만 다른 사람의 생각과는 관계없이 참(신이나 이데아)은 어딘가에 있을 것이다'라고 말하고 싶겠지만, 애당초 '참'이나 '거짓' 따위는 우리의 마음을 떠나서는 존재하지 않는다. 뭔가를 판정할 때는 반드시 '힘에의 의지'가 개입하기 때문이다.

그렇기 때문에 불평을 털어놓고 싶을 때는 우선 그 불평을 정당화하려는 논리에서 떠나 불평을 말하는 이유로 눈을 돌려야만 한다. 그 경우 '좋다' '나쁘다'라는 해석이 아니라, 오히려 그 해석(이치, 변명)이 진짜라고 확신하게 하는 근거를 스스로에게 물어야 한다.

그렇게 하면 자신이 '힘에의 의지'를 충족시킬 만한 이치를 선택하고 있다는 것이 드러난다. 다시 말해 당신이 무의식중에 그렇게 믿으면 기분이 안정되는 논리를 선택하는 것이 참과 진실로 인식하는 것의 정체다.

하룻밤에 읽는 서양철학

# 무의미한 세계를 사랑하자

모두를 이끄는 자, 초인

니체의 주장에 의하면 플라톤주의도 그리스도교도 처음부터 있지도 않은 허구를 전제로 성립된 것이므로 무無를 토대로 하고 있다는 결과가 된다. 이것이 바로 니힐리즘nihilism이다. '신은 죽었다' 이 말을 통해 니체는 서양 역사를 지탱해 온 그리스도교적 가치의 붕괴시키고 형이상학 시대의 종언과 니힐리즘의 도래를 알렸다.

과거의 철학은 진실을 추구하고 세계와 인생에 대해 다양한 해석을 해왔다. 그러나 니체에 의해 그런 것들은 '힘에의 의지'에 따른 해석이라는 것, 나아가서는 진리를 추구하는 마음이 진리가 없음을 부각시키고 있다는 것이 밝혀졌다.

과거의 철학은 전면적으로 부정되었다. 모든 것이 부정당한 뒤에는 아무것도 남지 않는다. 거기에 있는 것은 무無뿐이다.

니체는 철학을 니힐리즘으로 이끌었다. 니힐리즘이란 목표나 의의가 상실된 상태를 말한다. 인류가 오래도록 믿어온 최고의 가치는 실제로 존재하지 않으며 세계는 무목적·무의미하다는 것이 밝혀졌다. 니체는 이처럼 최고의 가치가 상실된 상태를 '신은 죽었다'라고 표현했다.

'무엇을 위해 공부하는가, 무엇을 위해 일하는가'라는 질문을 받으면 어떤 대답이든 할 수는 있다. 그러나 '무엇을 위해 사는가'라고 인생 전체의 목적을 물으면 갑자기 대답하기 막막해진다.

신이 존재한다면 이 세계에는 의미가 있다. 신이 의미를 부여해주기 때문이다. 하지만 신이 존재하지 않는다면 세상은 무엇을 위해 있는 것일까?

니힐리즘에서는 '무엇을 위해'에 대한 대답이 존재하지 않는다. 그렇게 되면 우리는 목적 없이, 단지 막연하게 사는 수밖에 없겠지만, 그랬다가는 살아갈 기운이 나지 않을 것이다. 그래서 니체는 최고의 가치로서의 신을 대신할 초인超人의 출현을 기대했다.

> 인간은 동물과 초인 사이에 쳐진 하나의 그물이다.
>
> 　　　　　　　　　　　　　　　　　－《차라투스트라는 이렇게 말했다》

마음 깊은 곳에서 솟아나는 '힘에의 의지'가 현실 사회에서 저해당하고 자기실현을 할 수 없는 상황에서도, 결코 르상티망에 의한 피안의 세계('사실은 이렇다'라는 세계)를 날조하지 않고 현실의 고통

　　　　　　　　　　　　　　　　하룻밤에 읽는 서양철학

을 그대로 받아들여 강한 자신을 유지하는 인간. 어떤 일에도 등 돌리지 않고 견디며 상황을 원망하지 않고 운명을 사랑하는 강한 인간. 이러한 '힘에의 의지'를 순수하게 발휘해 강인하게 살아가는 인간이야말로 '초인'이다. 니체에 의하면 '초인'의 사상은 니힐리즘을 극복하고 인생의 위대한 긍정으로 향하는 매우 적극적인 것이다.

스탠리 큐브릭 감독의 영화 〈2001: 스페이스 오디세이〉를 보면 시작과 끝 장면에 리하르트 슈트라우스Richard Strauss가 작곡한 〈차라투스트라는 이렇게 말했다〉가 웅장하게 울려 퍼진다.

만약 관객이 이 영화를 한 번 보고 이해했다면 우리의 의도는 실패했다는 결과가 된다.

- 원작자 아서 C. 클라크

나는 어떤 기자에게도 관객에 대해서도 내 영화를 쉽게 풀어 설명할 생각은 없다.

- 감독 스탠리 큐브릭

이 영화는 니체의 사상을 해석하는 하나의 견해다. 컴퓨터 할HAL의 반란이 자아의 자각을 의미하고, 모노리스가 날아오는 것은 테스트(인류가 모노리스를 쫓아 우주를 여행하기까지 문명적 발전을 이룩했을까 여부를 보는 것)의 의미, 마지막이 인간을 초월한 존재의 암시 등으로 이해하며 감상하면 더욱 흥미로울 것이다.

# 그렇다면 다시 한 번

니체의 영겁회귀

영겁회귀Ewige Wiederkunft는 니힐리즘의 최고 형태로, 무한한 시간이 흐르는 가운데 유한한 물질이 서로 만나 똑같은 현상이 무한히 반복되는 것을 말한다. 지향해야 할 목표도 도달할 장소도 없이 세계는 영원히 생성하면서 자기 자신으로 회귀한다. 인간에게 주어진 과제는 이 최고의 무의미함을 견딜 수 있는가(운명애運命愛)의 여부다.

어느 날 혹은 어느 날 밤, 악마가 당신의 가장 쓸쓸한 고독 깊숙한 곳까지 숨어들어와 이렇게 말하면 어떨까? "너는, 네가 실제로 살고 지금까지 살아온 이 인생을 다시 한 번, 나아가서는 무한정 여러 번 반복해서 살아야만 한다"라고.

– 《차라투스트라는 이렇게 말했다》

세상은 '힘에의 의지'의 대항이며 무의미·무목적인 상황에서 똑같은 일이 영원히 반복될 뿐이다. 니체는 이 상태를 영겁회귀라 불렀다. 그렇다면 영겁회귀란 허무한 상태일까? 그렇지 않다. 인생이 원을 그리고 있는 것이라고 한다면 시작도 끝도 없을 테니 오히려 이 순간이 모든 것이라고 할 수 있다.

영겁회귀 사상은 우리에게 이 순간의 황홀함을 가르쳐주고 고통 속에 있어도 인생을 긍정하려는 웅대한 운명애의 입장을 표현한다. 지금의 인생이 똑같은 순서로 한 치의 차이도 없이 반복되었다 해도, 즉 영겁회귀했다고 해도 그것을 받아들일 수 있을까? 이 질문에 '예'라고 대답하지 못한다면 당신은 강인하게 살아갈 수 없다.

어떤 고뇌 안에서도 바로 그 고뇌가 있기 때문에 비로소 살아간다는 것을 실감할 수 있다. 심신이 모두 고통을 느끼는 것은 누구나 싫어하는 일이다. 하지만 그 고통은 살아 있기 때문에 느낄 수 있다. 니체는 그것조차도 긍정하며 살아보지 않겠느냐고 말하는 것이다.

니체 자신도 매우 괴로운 인생을 보낸 사람이다. 대학 교수의 지위에서 쫓겨나고 사랑에 좌절하며, 가족과의 관계에 고통을 받고, 친구도 잃었으며 만성적인 질병은 그를 항상 괴롭혔다.

니체 자신의 인생과 마찬가지로 그의 철학을 실천하는 것은 매우 어려운 일이다. 괴로울 때도 변명을 하거나 순간을 피할 수 없기 때문에 항상 극한 상황으로 쫓기는 심정이 된다. 괴로운 일이 있더라도 다툴 필요가 없다. 우리는 모두 항상 형편없는 자신의 모습과 마주해야만 한다. 그러나 당신은 그 괴로움을 지그시 참고 그것을 극복하려고 노력해야만 한다. 자신을 괴로운 상황으로 몰아치는 것이, 즉 자신을 고양시키는 것으로 이어지기 때문이다.

괴로운 인생도 있는 그대로 받아들이자. '이것이 인생이었단 말인가. 좋아, 다시 한 번' 하고. 더 이상 스스로의 르상티망을 터뜨리는 것을 그만두고 말이다.

하룻밤에 읽는 서양철학

# 12

# 프로이트
## Freud

무의식과 정신분석

---

꿈과 무의식에
진짜 내가 있다

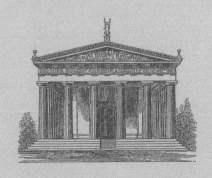

# 당신이 모르는 또 하나의 당신

쇼펜하우어는 세계의 근원을 비합리적·비논리적인 생의 맹목적 의지라고 생각했다. 세계에는 목적도 의미도 없지만 개체로 분열한 생에 대한 의지는 투쟁하는 것이기에 세계는 고통이라는 의미다. 이 견해는 니체나 프로이트 등에 큰 영향을 주었다.

휴일인 오늘, 친구와 약속이 있어서 역으로 갔다. 그런데 집에서 역까지의 중간 지점에서부터 집 현관문을 제대로 잠갔는지 걱정이 되기 시작했다. 이대로 나갔다가 종일 걱정하면서 지내기보다는 귀찮아도 일단 돌아가서 확인해두는 게 좋을 것 같다. 그런데 집에 다시 가서 문고리를 돌려보니, 제대로 잠겨 있었다.

이런 경험은 적든 많든 누구나 있을 것이다. 그러나 만일 이런

하룻밤에 읽는 서양철학

불안이 여러 번 반복된다면, 예를 들어 창문을 열어놓고 나온 건 아닌지, 전기나 가스를 제대로 끄고 나왔는지 등 계속해서 불안이 생겨나면 점점 더 지나치게 걱정이 된다.

현대는 이러한 신경증적인 성향을 가진 사람이 많은 것 같다. 타인과 만나면 긴장 때문에 제대로 말을 하지 못하는 사람, 상대의 눈을 쳐다보는 것이 두려운 사람, 손을 연거푸 씻어도 여전히 지저분한 생각이 들어 손이 거칠어지도록 씻어대는 사람, 정신적 중압감 때문에 위장에 부담이 가해져 매일 약을 먹는 사람 등, 당신 주위에도 이런 사람이 있을 것이다.

생각해보면 모두 별것 아닌 일이다. 마음은 자기 것인데, 그 마음을 자유롭게 제어하지 못한다니 어찌된 영문일까? 마치 자기 안에 다른 사람이 살고 있는 듯한 생각이 들지는 않는가? 그렇다. 당신 마음속에는 당신이 알지 못하는 다른 사람이 살고 있다. 당신은 그 또 하나의 자신을 제어하지 못하는 것이다. 또 다른 그 사람이란 대체 누구일까?

데카르트 철학 이후로 인간이 인간이라는 긍지는 그 이성적인 정신에 있었다. 이성은 사유와 정신이고, 이는 곧 마음이므로 자신의 마음 안에서 일어나는 일은 뭐든지 이해할 수 있고 뭐든지 설명할 수 있다는 것이 상식이었다. 욕망 역시 이성에 의해 제어할 수 있다고 여겼다.

칸트는 감성적인 사람의 상황을 초월해 이성의 명령에 따르는 것이야말로 인간의 존엄이라고 했다. 헤겔에 이르러서는 각각의 인간에게 겸비되어 있는 이성을 세계 전체의 논리 법칙으로까지 확장했다. 이제 세계 도처에는 이성만이 존재하고 욕망 따위는 완전히 조연 취급을 받고 있었다.

그런데 헤겔과 동시대의 인물인 쇼펜하우어는 이들 이성주의에 정면으로 이의를 제기했다. 이성보다 욕망이 더 앞선다고 주장한 것이다. 그는 시간과 공간에 구속되어 논리적인 사고밖에 하지 못하는 현실세계 저 깊은 곳, 완전히 비논리적이고 비합리적인 의지(욕망적인 원리)가 있다는 점에 주의를 기울이라고 경고했다.

이 주장에 대해 처음에는 아무도 귀를 기울이지 않았다. 그러나 이윽고 사람들은 서서히 평가를 달리하기 시작했다. 인간은 욕망으로 살아가는 존재다. 논리라는 여왕을 조종하는 검은 옷의 재상이 바로 욕망이다. 이 견해는 심리학 영역에도 영향을 주어 과학적으로 꽃을 피웠다. 그 꽃을 피어나게 한 사람이 프로이트였다. 그는 논리적으로 행동하고 있다고 생각하는 인간 자신이 사실은 평소 의식하지 않는 숨겨진 욕망의 힘에 조종되고 있음을 간파했다. 여기서 프로이트는 무의식(잠재의식)을 발견했던 것이다. 이 발견은 인간으로서는 충격적인 사건이었다.

인간의 긍지에 상처를 입히는 사건은 과거에도 세 번 있었다. 첫 번째는 지구가 우주의 중심이 아니라는 사실이 밝혀진 사건(천동설에서 지동설로), 두 번째는 인간이 원숭이에서 진화되어 왔다는 사건(다윈의 진화론), 그리고 또 하나가 프로이트가 주장한 무의식 구조

하룻밤에 읽는 서양철학

의 발견이었다. 그는 인간이 이성적 존재가 아니라 이성이라는 옷을 입은 욕망의 덩어리라는 사실을 폭로해버렸던 것이다.

그러나 프로이트의 이 발견이 준 것은 단순히 인간을 불안에 빠뜨린 일만은 아니었다. 그의 발견으로 인해 인간은 잠재의식에 대한 접근 방법과 그 제어 방법을 알게 되었다. 이 방법을 알면 앞에 언급한 신경증적인 고민을 해결할 실마리가 보이기 때문이다.

# 보이지 않는 마음의 구조

프로이트는 인격이 '에스(Es, 이드Id와 같음)' '자아' '초자아' 세 영역으로 이루어져 있다고 했다. '에스'는 무의식이고 본능적인 에너지의 저장고이며 쾌락원칙에 따라 쾌락을 추구하고 고통을 피하는 성질을 가졌다. 이를 억압하는 것이 바로 방어기제다. 자아의 안정을 도모하기 위해 무의식적, 자동적으로 기능하는 적응반응 가운데 하나로, 본래 자아의 힘으로 합리적인 문제 해결을 통해 욕구를 채우는 것이 바람직하다고 여긴다.

프로이트는 히스테리 환자를 치료했던 경험에서 환자가 의식의 이면에 예외 없이 성에 관한 과거의 불쾌한 기억trauma을 안고 있음을 깨달았다.

그뿐만이 아니다. 그 기억을 망각에서 되살려 현재의식顯在意識으로 분명하게 떠올리고 자각하게 해주면, 환자의 히스테리 증상이 소실된다는 사실도 확인했다. 나아가 노이로제 신경증 환자들의 마음에도 마찬가지로 무의식적인 '억압의식에서 기억을 배제하는 것'이 생긴다는 것, 그것을 해방하면 노이로제 증상이 소실된다는 사실을 발견했다.

의식되지 않는 원인을 의식하면 결과를 제어할 수 있다는 발상의 큰 틀은 이미 스피노자에 의해 증명되어 있었다. 또 쇼펜하우어도 '맹목적인 의지'가 채워지지 않았을 때 생기는 인간의 고뇌 형태로 이 발상을 묘사하고 있었다.

프로이트는 이것을 좀 더 발전시켰다. 그의 합리적 사고는 불편한 기억이 무의식으로서 마음 깊숙한 곳에 갇히게 되는 이유에 대해 의문을 가졌다. 이 이유는 개인 각자의 사정에 따라 차이가 있어 유형을 만들기는 어려웠지만 프로이트는 다음과 같이 결론지었다.

욕구가 왜곡된 형태(성적으로 불쾌한 체험)로 저지되었을 경우, 마음은 스스로를 지키기 위해 자동안전장치를 가동시켜 그 체험 내용을 기억의 저편으로 몰아내는 것이라고. 고도의 안전장치를 탑재한 건물에서는 화재가 발생했을 때 자동으로 내려진 셔터가 화재의 진행을 저지한다. 마음에도 그러한 안전 시스템이 있다는 것이다.

'억압'이란 불유쾌한 체험이나 비정상적인 체험이 갖는 에너지를 무의식이라는 감옥으로 넣어버리는 것이다. 그러면 불쾌한 기억은 모두 감옥에 처넣으면 되는 거 아니냐고 생각하고 싶어진다. 그러나 그러한 심적 에너지를 가볍게 보아서는 안 된다. 그것은 틈만 있으면 감옥에서 탈주하려고 하기 때문이다. 감옥을 지키는 교도관인 의식은 탈옥수 때문에 끊임없이 시달리고 있다.

프로이트가 '억압'이라는 이름으로 설정한 자동안전장치의 기능은 그와 제자들에 의해 방어기제로서 체계를 갖춰나갔다. 그 주요 내용은 다음과 같다.

- 도피 : 불편한 사건이나 상황으로부터 마음을 외면하려는 것, 예를 들어 '회사를 그만둘까' 같은 생각.
- 퇴행 : 마음이 동심으로 돌아가는 것. 예를 들어 '내 남자친구는 어린애처럼 응석이나 부리고 정말 싫어' 같은 상황.
- 환치 : 욕구에서 비롯된 본래 목표에서 타협해 다른 목표로 바꿔치기하는 것. 예를 들어 '롤렉스 시계는 살 수 없으니까 가짜로 만족하자'로 생각.
- 보상 : 열등감을 다른 방법으로 면하려는 것. 예를 들어 '공부로는 저 녀석에게 졌지만 게임에서는 이겨야지'와 같은 생각.
- 반동형성 : 본심과는 반대인 행동을 억지로 취하는 것. '좋아하면서도 자꾸만 괴롭힌다.'
- 동일화 : 소지품, 생각 등으로 상대를 제치고 만족하는 것, 예를 들어 '연예인이랑 똑같은 복장이라 그런가, 내가 봐도 쟤보다 예뻐'라는 말.
- 투사投射 : 자신이 상대에게 갖고 있는 감정이나 욕구가 다른 사람이 자신에게 있다고 믿는 것. '최근에 모두들 나를 의심

하룻밤에 읽는 서양철학

하고 있는 것 같은 느낌이다.'

- 자기징벌 : 죄책감에서 벗어나기 위해 자기파괴적인 행동을 하는 것. '전부 내가 잘못했어! 내가 다 책임질게!(그리고 공황 상태에 빠진다)'

- 합리화 : 변명하는 것, 억지 논리를 갖다 붙이는 것. 예를 들어 '뭐라고? 그 사람이 결혼했다고? 뭐, 괜찮아 그리 대단한 남자 도 아닌걸'이라며 스스로를 다독임.

이밖에도 많지만 이런 것들은 모두 무의식의 에너지를 굴절시킨 속임수다. 감각적으로는 '이 사람, 어른스럽지 않아' 하고 여기게 만드는 일련의 반응들이다.

이러한 태도에는 자아를 안정시킨다는 장점이 있다. 그러나 이런 태도를 빈번하게 취하는 사람은 시간이 지나도 정신적 성숙이 늦어져 어린애 같은 상태에 머물고 만다. 자아를 단련하기 위해서는 방어기제에 지나치게 의지하지 않으려는 노력이 필요하다.

# 자기 안에 숨은 절대적인 힘

초자아

의식이란 지금 깨닫고 있는 마음의 부분이다. 지금은 깨닫지 못하지만 노력에 의해 의식화할 수 있는 마음의 영역을 프로이트는 전의식前意識으로 구분했다. 특히 이 영역에 본능적 에너지, 즉 성적 에너지인 리비도libido가 들어온다고 주장했다. 프로이트는 범성욕론의 입장을 취하며 모든 심리 에너지의 원천을 성욕으로 환원한다. 또한 리비도는 문화적, 예술적, 나아가 사회적 창조의 에너지도 될 수 있다.

프로이트는 인간의 마음은 빙산과 같아서, 의식으로 드러나 있는 것은 우리 마음 전체 중 아주 작은 부분에 지나지 않는다고 말했다. 대부분의 마음은 의식이라는 수면 아래, 무의식 영역에 숨어 있다. 그리고 필요할 때 의식으로 떠오르는 부분은 의식과는 구별하기 위해 전의식이라 부른다.

이 무의식 영역에는 다양한 욕동欲動, 본능적 충동과 감정을 동반

하룻밤에 읽는 서양철학

한 정보가 '억압'되어 있고 그것들은 주전자 안에서 펄펄 끓고 있는 물처럼 밖으로 넘치려고 한다. 다시 말해 무의식에는 끊임없이 의식 안으로 진입하려는 강한 성향이 있다.

무의식은 에스의 영역이라 불리며, 신체 영역으로부터의 본능적 에너지가 여기로 흘러든다. 이 에너지를 리비도라고 부른다. 리비도는 의식으로 향하는 과정에서 관념이 부여되어 원망願望이 된다. 그러나 원망은 반드시 실현되는 것이 아니므로 리비도는 누군가에 의해 억압되고 변형된다.

리비도를 억누르는 것은 무엇일까? 예를 들면 CD 가게에서 자신이 원하는 CD를 발견했다고 하자. 사고 싶지만 지갑에는 돈이 없다. 당신이라면 이럴 때 좀도둑질을 하겠다고 마음을 먹는가? 보통은 하지 않는다. 왜일까? 그것은 도둑질을 하면 안 된다는 자신의 양심이 좀도둑질이라는 행동을 규제하기 때문이다.

우리가 평소 양심이라고 부르는 감정에 해당되는 것을 프로이트는 초자아라고 불렀다. 그것은 '~해서는 안 된다' '~해라' '~하지 않으면 안 된다' 등의 금지와 이상의 추구 등을 담당한다. 양심은 어떤 사람에게나 균등하게 주어지는 게 아니며 개인차가 있다.

양심은 유소년기에 부모가 가르쳤던 예절 교육이 내재적으로 체화되기 때문에 각 가정의 가치관의 차이가 반영돼 있기 마련이다. 그렇기 때문에 설사 CD를 갖고 싶어도 초자아가 기능하면 좀도둑질을 하지 못한다. 그러면 원망은 억압되어 무의식 영역에 쌓이고 그 에너지가 정상적으로 기능했을 경우, 아르바이트로 돈을 벌어 CD를 구입하는 '원망'의 달성으로 향한다.

우리가 아무렇지도 않게 사용하고 있는 자아란 에스와 초자아 사이에 끼어 이 둘 사이와 외부 세계를 중개하는 영역을 가리킨다. 이것을 펌프에 비유하여 설명하면 다음과 같다. 입구에서 물리적 에너지가 들어오고 그것이 펌프에 의해 압력이 가해진다. 그 결과 물이 파이프 안을 흐른다. 파이프를 통해 무사히 물이 출구로 흘러 나오면 욕구가 채워진 것이 된다. 그런데 누군가에 의해 출구가 막혀 있다. 이 누군가는 초자아다. 초자아는 욕구가 채워지는 것을 저지하려고 '저건 안 돼, 이것도 안 돼, 이렇게 해야만 해' 등으로 금지 사항을 강요한다.

그러면 물이 역류하여 파이프가 터지고 만다. 노이로제 증세가 발생하는 것은 바로 이 과정에 해당한다. 욕구가 본래의 모습으로 채워지지 않았을 때 그것은 억압되고 왜곡된다. 이런 과정 때문에 본인도 이해하지 못하는 행동을 보이는 것이다.

집을 나올 때 현관문을 잠갔는지 걱정하는 사람은 사실 문이 아니라 다른 것을 걱정하고 있는지도 모른다. 그리고 손을 계속 씻어 대는 사람은 무의식적으로 자신이 더러운 인간이라고 생각하고 있는지 의심해보자. 이러한 행동의 원인은 각각의 증상에 대한 정신 분석을 통해 무의식의 영역에 무엇이 숨어 있는가를 밝혀내지 않으면 특정할 수 없다.

오늘날 우리 사회에서는 물건의 형태로 남지 않는 것에는 돈을 내지 않으려는 경향이 있기 때문에 정신분석 상담에 대한 수요도, 그에 따른 공급도 잘 이루어지지 않고 있다. 또한 정신분석 자체의 지식이 보급되어 있지 않아 분석을 받으면 자신의 사회적 지위에 상처가 되는 게 아닐까 우려하는 사람이 많다. 물론 최근에는 이에 대한 이해가 굉장히 높아졌다. 한편 퇴근 후에 단골 술집에 가서 한 잔 하면서 불평을 털어놓으면 그걸로 족하다는 사람도 있다. 이 경우에는 단골 술집이 그의 정신분석 작업을 하고 있다고 할 수 있다.

# 나도 몰랐던 생각을 제어하는 법

자율훈련법

프로이트는 잠재의식을 제어하는 방법으로 자율훈련법을 제시한다. 주의 집중, 자기암시의 연습을 통해 온몸을 편안하게 하고 몸과 마음의 상태를 스스로 제어할 수 있도록 하는 방법으로 불안신경증, 강박신경증, 억울 상태 등 많은 증상에 효과가 있다.

현실적으로 우리는 의사에게 정신분석을 받을 시간적 여유도 금전적 여유도 없다. 신경증 같은 경향이나 성격에 대한 고민 등을 좀 더 간단하게 해결할 방법은 없을까? 있기는 하다. 바로 독서를 하는 것이다. 독서는 무의식에 강한 설득력을 가져다준다(낯간지러운 이야기지만 이 책을 여러 번 숙독하기 바란다).

나아가 좀 더 구체적인 트레이닝 방법도 있다. 이것은 습득하기

하룻밤에 읽는 서양철학

까지 수개월이 필요하지만 일단 터득하면 평생 재산이 된다. 이 훈련 방법은 독일의 J. H. 슐츠Schultz 박사에 의해 개발된 자율훈련법이다.

이것은 1932년에 베를린 대학에서 발표되었으며, '팔이 무겁다' '팔이 따뜻하다' '심장이 조용히 뛰고 있다' '호흡이 편하다' '배가 따뜻하다' '이마가 시원하다' 라는 6단계에 걸친 암시를 스스로에게 주고 최면 상태로 이끄는 방법이다. 최면이라고 하지만 의식은 있고 최면에서 깨어나지 못하는 경우도 없기 때문에 안전 면에서 전혀 문제가 없는 훈련법으로 여겨지고 있다.

편안한 상태로 있고 싶은 자신의 모습을 매일 밤 취침 전에 상상하는 멘탈 리허설을 장기적으로 하다 보면 상상하고 있던 자신으로 서서히 성장해간다는, 편안하고 안전한 요법이다. 이 방법에 관한 내용은 심리학 서적에 잘 소개되어 있으니 찾아 읽어보고 실천해보면 좋다.

어쨌거나 의식과 무의식의 과학을 이해하고 우리 마음의 실상을 파악하는 작업은 필요하다. 그 작업을 통해 우리는 각자 자기 마음의 주인이 되고 주체적으로 무의식을 제어하는 기술을 터득할 수 있다.

욕구를 원망으로 인식하고, 자신이 원하는 스스로의 모습이 되고자 노력해야만 한다. 그러기 위해서는 현실을 직시하면서 자아를 훈련해나가는 적극적인 자세를 유지하는 것이 필요하다. 욕구를 실현하지 못한다고 해서 변명하거나, 포기하거나, 다른 원망으로 대체하여 만족하는 것으로 프로이트가 발견한 심리 시스템을 이용하지 않는다는 건 아까운 일이다.

# 13

# 후설 · 하이데거

## Husserl · Heidegger

### 존재와 현상학

## 당연한 존재는 없다

# '보는 것'과 '보이는 것'을 구별하다

현상학은 우리 눈앞에 나타난 현상을 중심에 두는 철학으로 현상의 구조를 통해 실재하거나 상상 속에 있는 존재의 본질을 드러내고자 한다. 창시자인 후설은 철학은 주관과 상대성 대신 수학적 법칙과 과학적 논리에 초점을 두어야 한다고 주장했다.

지금까지 '내가 하는 말은 옳은데 아무도 이해해주지 않는다' 등의 고민에 대해서는 여러 번 언급했다. 이러한 고민들의 전제에는 '나는 바깥 세상에 있는 진실을 올바르게 파악하고 있다'라는 주관과 객관의 일치에 대한 확신이 깔려 있다. '내가 하는 말이 옳다'라는 것은 다른 말로 하면 '내 주관이 객관적인 대상을 올바르게 파악하고 있다'라는 의미다.

그러나 주관을 객관에 적중시키는 일은 부질없는 노력이다. 아무리 노력해도 최종적으로는 반드시 역설에 빠질 운명에 있기 때문이다. 칸트나 헤겔 등의 근대 철학은 이 역설을 극복하고자 노력했지만 완전한 해결에는 이르지 못했다. 그래서 현대 철학에서도 이 도식에 대해 보고도 못 본 척하고 있는 사람이 많다.

과거에 대뇌생리학 치료가 이루어진 적이 있다. 정신병 환자의 두개골을 열고 뇌의 일부를 들어내고 다양한 포인트에 전극을 꽂아 자극하였다.

그때 환자는 어떤 체험을 했을까? 환자 스스로의 말로는 눈앞에 펼쳐져 있는 영상은 뜻밖에도 오페라 상연 장면이었다. 더구나 현실과 완전히 똑같은 시각, 청각, 촉각, 후각(미각은 없겠지만)에서 얻어지는 사실성을 바탕으로 오페라를 체험했다는 것이다. 이 경우 주관(오페라를 감상하는 나)과 객관(병원 침대에서 치료를 받고 있는 나)은 전혀 일치하지 않는다. 이것은 주관과 객관이 어긋난 극단적인 예다.

잘 생각해보면 사실 우리 인생 역시 장대한 게임인지도 모른다. 죽는 순간 영적 세계에서 구슬이 갈라지며 하늘로부터 '축하합니다. 한 게임 종료했습니다'라는 축하 인사를 받고 '한 번 더 하시겠습니까' 하고 새로운 가상 인생 게임을 권유받을지도 모르는 일이다.

만약 우리의 세상이 거짓일지라도 우리는 논리적으로는 그것을 증명할 수 없다. 닫혀 있는 세계에서 아무리 앞뒤 두서가 맞아떨어진다 해도 그 위의 계층에 있는 세계에서는 전혀 다른 광경이 펼쳐지고 있는지도 모른다. 이러한 위의 계층을 근대 철학까지는 '이데 아' '신' '물자체' 등으로 표현하고 있다. 옛날의 철학은 현실을 초월 한 세계를 여러 가지로 상정하고 있었다.

이 세상이 환각일지도 모른다니. 일상에서 우리가 내리는 잡다 한 판단은 정말로 옳은 것인지 더더욱 의심스럽다. '나는 옳다'라고 자신만만한 당신은, 당신의 주관과 객관이 일치하고 있다고 확신할 수 있는가?

독일의 철학자 후설은 이 힘겨운 주관·객관의 도식에 정면으로 맞서 피나는 투쟁을 반복하면서 여러 번 주저앉았다. 그러나 그의 사상은 이 글에 다 담기 어려울 정도로 많은 영향을 학문에 끼쳤다. 그는 현상학이라는 철학 분야를 확립한 인물이다.

# 흘러가는 생각을 관찰하라

## 의식의 환원

세계나 사물이 있는 그대로 존재하고 있다는, 일반적인 인식의 방식을 자연적 태도라고 한다. 그 자연적 태도를 버리고 애써 의식하는 태도를 가져야 한다고 후설은 주장한다. '의식은 항상 무엇인가에 대한 의식이다'라고 말하며, 의식은 스스로 흘러가는데도 불구하고 스스로를 초월하여 뭔가를 통일적으로 지향하는 작용이 있다고 설명한다.

우리는 매일 대부분의 일들을 '아, 이 정도면 괜찮을 거야'라고 생각하며 산다. 그리고 그것이 배신당했을 때 '진실이란 무엇인가'라고 절규한다. 이 괴리는 어디서 나온 걸까?

후설은 우선 '인간은 있는 그대로의 세계를 파악할 수 있다'는, 소박한 태도를 취한다는 견해에서 출발한다. 이러한 태도를 자연적 태도라고 한다.

특별히 어려운 건 아니다. 예를 들면 눈앞에 있는 컵은 나로부터 떨어져 존재하고, 나는 그것을 있는 그대로 인식할 수 있다는 견해를 말한다. 이 태도는 객관적 세계를 반성 없이 받아들여 사물과 의식의 관계를 잃게 하고, 무엇이 옳은지 알 수 없는 혼란을 낳는다. 이 세계에서는 주관과 객관이 일치하기도 하고 일치하지 않기도 하기에 도무지 명확하지 않다. 그렇다면 명확한 인식을 얻으려면 어떻게 해야 할까?

여기서 후설은 의외의 제안을 한다. 우선 그 자연적 태도를 버릴 수는 없는지 고민하는 것이다. 우리가 믿고 있는 세계를 우선 괄호에 넣고 판단중지epokhe한다. 후설은 '세계의 스위치를 끈다'고 표현한다. '눈앞에 있는 컵이 나로부터 떨어져 있는 그대로 있다'라고 생각하지 않고 오로지 보기만 하는 것이다. 이러한 조작은 현상학적 환원이라고 한다(단지 환원에 의해 자연적 세계의 존재가 부정되거나 상실되거나 하는 건 아니므로 안심해도 된다).

현상학적 환원이 이루어지면 생각지도 못한 일이 일어난다. 밖의 실재물로서의 컵이 괄호로 묶여짐으로써 그것은 의식 위에 전개하는 의미로서의 컵으로 변신한다. 즉 물질적 세계에 있는 컵이 의식세계의 컵으로 변하는 것이다.

바깥 세계에 있는, 단순한 물체로 여기던 컵은 의식상의 '의미'로 변한다. 이러한 변화에 의해 우리는 컵을 물리적으로 설명할 수 있을 뿐 아니라 자신들이 컵을 의식의 표면에서 어떻게 파악하고 있는가에 대해서도 이야기할 수 있게 된다. 무슨 일이 생길까, 마음속 진실이 차츰 명확해질 것이다. 자신이 실제로 느끼고 있는 것을 순수하게 기술하면, 곧 그것이 진실이 된다.

'환원'이라는 방법이 발견되기 전까지는 이렇게 생각했다. 컵이 있고 의식도 있다. 컵이라는 정보가 내 의식의 그릇에 담긴다. 마치 우리 마음은 디지털 카메라 같은 것이다. 단지 모사할 뿐이다.

그러나 '환원' 후에는 그렇지 않다. 컵을 보고 있을 때의 내 의식 내용 자체가 컵이다. 굳이 말하자면 그때는 '컵=의식'인 것이다. 라면을 먹을 때 당신의 의식은 라면 자체다.

자연적 태도를 버리고 세계를 괄호 안에 넣어보면 우리는 사물이 의식 위를 흐르고 있는(지향성이 기능하고 있는) 모습을 생생하게 느낄 수 있다. 이때의 신선한 감각을 여러분도 모쪼록 맛보기 바란다.

# 그러자 뜻밖의 결론이

노에시스와 노에마

후설은 모든 인식이 궁극적으로 직관에 근거하고 있다고 생각했다. 주어진 다양한 사실에서 유사성을 띤 하나의 본질이 간파된다. 본질직관은 형상적 환원에 의해 추출할 수 있다. 후설은 자아로부터 타자가 어떻게 해서 경험되는지를 '감정이입'이라는 개념을 통해 설명했다. 그의 주장에 따르면 타자는 자기로부터 유추된 제2의 자아다. 하이데거, 사르트르, 메를로퐁티, 레비나스 등은 각각 독자적인 방법으로 타자에 관한 문제에 접근했다.

우리는 보통 사물을 선택해 인식한다. 예를 들면 이런 식이다. 길을 걷고 있는데 길가에 뭔가 반짝 빛나는 것이 있다. 뭘까? 그것은 금속으로 된 동그란 것. 100원짜리 동전인가, 500원짜리 동전인가. 아, 뭔가의 금속 부품이군, 아쉽다. 끝.

이때 내 안에서는 다양한 체험이 통일되어 의미가 부여되고 있다. 이러한 인식의 작용을 노에시스noesis라고 한다. 그리고 인식의

하룻밤에 읽는 서양철학

대상은 노에마noema라고 한다. 우리는 그저 막연하게 외부로부터 정보를 받아 흘려보내는 게 아니라 그때마다 의미를 부여하고(노에 시스), 사물(노에마)을 인식하고 있다. 우리는 지금까지 자신들은 물체에 에워싸여 있다고 생각했지만 현상학적 환원 후에는 사물의 '의미'에 에워싸여 있다는 생각으로 바뀐다.

그렇다면 진실이란 대체 뭘까? 우리는 항상 '이것이 옳다'라는 어떤 확신을 갖고 살아가지만 사실 우리가 그때마다 의미를 부여하여 마음 깊은 곳에서 붙잡고 있는 것(본질직관)일 뿐이다.

여기서 우선 '이 세계는 사실 꿈이나 환상이 아닐까'라는 의문에 대한 대답을 제시해두겠다. 우리는 눈앞에 있는 컵이 실재한다는 것을 증명할 수 없다. 우리가 보는 컵은 환각일지도 모르기 때문이다. 그러나 현상학에서는 컵이 환각인지 실재하는 것인지에 대한 판단은 보류해둔다. 그리고 거꾸로 '어째서 컵이 실재한다고 우리가 확신하기에 이르는 걸까'에 대한 근거를 열거해나간다.

왜 우리는 이 세상이 꿈도 환상도 아니라고 확신하는 걸까? 그것은 지극히 단순한, 그러나 쉽게 납득할 수 있는 이유에서 시작된다. 다시 말해 '이얍' 하고 속으로 외쳐도 컵이 사라지거나 나타나거나 하지 않기 때문에 나는 거기에 컵이 틀림없이 있다는 확신타당성을 갖게 된다. 그러한 확신으로 완성된 것을 우리는 세계라고 말한다. 그러므로 세계는 틀림없이, 확실히 실재하고 있다.

그리고 주관과 객관의 일치에 대해 생각해보면 어떨까? 그것은 자신이 의미부여하고 있는 각자의 단계가 있으므로 나머지는 타자와의 공통된 이해를 얻으면 된다는 의미가 된다(단 그 경우에는 타인의 의식의 존재를 증명해두어야만 한다).

이처럼 현상학은 상식적인 세계관을 괄호 안에 넣고 자의식이라는 무대에 무엇이 어떻게 나타나는가를 반성하는 방법으로 새로운 세계를 우리 앞에 제시해준다. 얼핏 생각하면 어려울 것 같지만 사실은 우리 생활과 매우 밀착되어 있는 철학이다.

후설의 현상학에 대한 좀 더 자세한 설명 대신, 이쯤에서 그의 제자인 하이데거의 사상을 살펴보겠다. 하이데거는 후설의 현상학에서 전혀 새로운 노선을 개척한 20세기 최대의 철학자 중 한 명으로도 평가받는 인물이다. 그의 사상은 좀 더 어렵다. 한숨 돌리고 나서 도전해보자.

# '있다'는 것의 생소함

### 존재를 고민하는 현존재

존재론적 차이는 존재 자체와는 구별된다. 존재자는 세계 안에 각각 존재하는 것이며 '사물이 어떻게 존재할까(존재적 물음)'와 '존재란 무엇일까(존재론적 물음)'는 다르다.

어째서 세계는 '있는' 것일까? '있는' 것보다도 처음부터 아무것도 없는 것이 더 자연스럽지 않을까? 도대체 '있다'는 것은 뭘까?

이런 식으로 파고들다 보면 우리는 평소에는 당연하게 느끼던 이 세계의 '존재'에 대해 놀라움을 금할 수 없다. 하이데거의 주요 저서인《존재와 시간》은 '있다'는 것은 어떤 것일까를 현상학적 방법을 이용해 구명究明한 대작이다. '컵이 있다' '펜이 있다' 등의 '있다'란 어떤 것일까를 설명하라고 하면 대답할 말이 없다. '있는 건 있는 거지, 무슨 설명이 필요해'라고 대답할 수밖에 없다. 하지만 하이데거는 이 '있다'에 대해 글자가 빼곡한 대저서(500쪽이며, 더구나 이것은 제1부 제2편만의 분량이고 나머지는 미완성이다)에서 머리가 아찔해질 정도의 기나긴 설명을 시도하고 있다. 지금부터 이 책의 요점만 살펴보자.

먼저 하이데거는 존재자와 존재를 구별한다. 구별하는 기준이 되는 점을 존재론적 차이라고 한다. 컵을 예로 들어 말하자면, '컵(존재자)'과 '컵이 존재한다(존재)'는 것은 다르다. 존재는 모든 존재자에게 공통되는 것이지만, 그것을 보거나 만지거나 할 수는 없다. 존재는 하나의 기능이다. 그렇다면 그러한 기능을 쓰게끔 만드는 것은 무엇일까? 지금까지의 철학에 의하면 그것을 신이라거나, 우주의 원리라고 말했겠지만 현상학은 그것을 괄호로 묶어버린다. 현상학적으로 존재를 파악하려면 아무래도 존재의 토대가 되는 장, 즉 인간에 대해 생각하지 않을 수 없다. 하이데거는 존재sein가 작용하는 장이 되고 있는 인간을 두고 '현존재Dasein'라 불렀다. '현존재(인간)'가 존재를 어떻게 파악하고 있는가를 알면 존재의 비밀을 알수 있다는 이야기다. 이 말을 들으면 '존재를 파악하기 위해 생각하는 것은 인간밖에 없으니 당연히 알 수 있다'라고 속단하기 쉽지만 그것은 정말로 당연한 일일까?

사실 우리는 평소에 '존재'에 대해 고민할 때, 인간을 빼놓고 생

하룻밤에 읽는 서양철학

각한다. 혹시 당신 집 옆에 역驛이 있는가. 당신이 이 세상에 있든 없든 그 역은 존재할 것이다. 당신은 평소에는 자신을 빼고 역이라는 존재에 대해 생각하고 있다. 그것이 데카르트적 세계관이다. 역이라는 존재는 자신과는 물리적으로 떨어진 존재다. 거기에는 살아 있는 자신은 관련되어 있지 않다.

그래서 이 견해를 역전시켜 살아 있는 자신에게 '존재'를 되돌려 보자고 하이데거는 생각했다. 본래 세계는 자신을 빼고는 이야기할 수 없다. 하이데거는 지금까지의 근대적 세계관을 버리고 스스로를 기점으로 하여 '존재'라는 것을 다시 한번 재음미하고자 했다.

# 存재를 이해하는 존재

하이데거의 세계-내-존재

하이데거는 주체로서의 인간이 대상(세계)에 과학적 인식을 매개로 하여 외부로부터 파고든다는 틀에서 벗어나야 한다고 주장했다. 대신 이미 자신이 일정한 방식으로 세계 안에 있음을 기정사실로서 발견하는 것이라고 봤다.

우리는 처음부터 존재하고자 마음먹고 태어난 것도 아닌데 어느새 이 세상 한복판에 내던져졌다. 그러나 우리는 데카르트의 주장처럼 돌이 상자 안으로 들어간 것 같이 존재하지 않던 세계에 들어가게 된 것은 아니다.

돌(주관)과 상자(객관 세계)라는 도식은 이제 지워버리자. 우리는 세계와 떼어놓을 수 없을 것 같은 존재들과의 합을 통해 살아가고 있다. 이처럼 '현존재(인간)'가 항상 일정한 세계 안에 있고, 이미 그렇게 되어 있는 존재임을 발견하는 것 외에는 방법이 없는 인간의 모습을 현상학에서는 세계-내-존재라고 한다.

그런데 우리의 일상을 둘러싸고 있는 환경에 가장 먼저 나타나는 것이 도구다. 도구는 단지 그것만 고립해서 존재하는 일은 없다. 망치는 못을 박기 위해, 못은 판자를 붙이기 위해, 판자는 서랍이 되기 위해 존재한다. 이런 식으로 도구는 존재에 대해 서로 연관을 형성하고 있다.


그런데 이처럼 도구들끼리의 연관을 성립시키는 것은 뭘까? 그것은 현존재가 필요할 때마다 자신의 가능성을 염두에 두는 조르게Sorge 덕분이다. '조르게'는 우리말로 번역하기가 어렵지만 일반적으로 '배려'라고 번역한다.

'내일은 비가 올 것 같다. 우산을 준비해야지. 왜 우산을 준비하는 걸까? 내 옷과 물건들이 젖지 않기 위해서지. 그리고 내일 이 우산을 쓰고 무사히 존재할 수 있도록 내 몸을 잘 보호하기 위해서야.'

이는 인간이 '내일도 무사히 지내고 싶다'는 식으로, 자신의 존재 가능성을 배려하고 있다는 것을 보여준다. 이런 과정 때문에 우산은 비로소 인간에게 도구로서 의미가 생긴다(유의미성). 오늘 밤중에 심장발작으로 죽게 된다면 내일의 우산은 필요하지 않다.

컵을 손에 들어보자. 그것은 '존재'하고 있다. 동시에 그것은 나에게 있어 '배려'다. '있다'는 것은 자신과는 무관하게 그곳에 떨어져 '있는' 의미가 아니라 나를 빼고는 이야기할 수 없는 의미로써 '있는' 것이다.

# 엄습하는 불안의 정체란

그 누구도 아닌 듯, 평범한 사람으로 살아가고 있는 인간을 하이데거는 '퇴락頹落'이라고 했다. 현존재의 일상적인 모습은 사실 존재의 비본래적인 모습과 같다고 이야기했다.

우리는 이처럼 항상 도구에 대한 고려나 타인에 대한 배려에 마음을 빼앗긴다. 그 결과 자신이라는 존재를 잊어버린다. 자신이 남들에게 어떻게 보이는지 또는 남들은 어떻게 하고 있는지 등 주위 사람들에게 신경이 쓰일 수밖에 없다. 그리고는 주간지에 실려 있는 연예인의 스캔들 기사를 탐닉하듯 읽고 그 내용에 대해 친구와 이야기를 주고받으면서 기분 전환을 하곤 한다.

그러한 일상 속의 '나'는, 자기 자신으로서 살아가고 있는 게 아니라 세계의 차원과 틀에 맞추어 살아가고 있음에 더 가깝다. 하이데거는 이러한 일상적인 인간의 모습을 '세인das man'이라 불렀다.

이처럼 우리는 도구와 목적, 수단이 미리 조직되어 있는 일상을 익숙함에 취해 살아간다. 그런 가운데 우리는 때로 설명할 수 없는 막연한 불안에 휩싸인다. 불안은 일상의 도구와 목적, 수단의 조직이 보이지 않게 되었을 때 엄습해온다. '내일이 불안하다'라는 말은 곧 세계 내의 사물의 관련성이 보이지 않는다는 의미다. 좀 더 어렵게 말하자면 막연한 미래의 존재 가능성에 임하고 있다. 무슨 일이 일어날지 알 수 없다는 것이다.

이 생각이 말하고자 하는 것은 우리가 존재 인식의 방식을 바꾸면 세계가 다른 방식으로 나타난다는 점이다. 불안이 있다는 것은 세계를 보는 안목을 바꿀 여지가 있다는 의미다. 그렇다면 세계를 보는 안목을 우리는 어떻게 바꾸면 될까?

# 죽음을 자각하며 살라

현존재의 결의성

하이데거는 '그것에 대해 귀를 기울이라'는 목소리(양심)를 따라 '나보다 앞서고 있다'는 가능성을 자각한 태도를 취하는 것을 '선구先驅적 결의성'이라 불렀다. 그는 일상에서 우리가 자기 자신의 죽음으로부터 눈을 돌리고 당장 눈앞에 있는 것들과의 관계에 몰두할 게 아니라 인생 전체를 통일체로서 살아감으로써 본래의 자신을 되찾을 수 있다고 생각했다.

'조르게'가 나오기까지가 인간에게는 첫 번째 환원이었다. 두 번째 환원은 '조르게'를 성립시키고 있는 것이 '시간'이라는 사실을 밝혀낸다.

현존재(인간)는 과거로부터 받아들인 것에 대처하고 미래에 가능성을 던지며 살고 또 현재 잇달아 생겨나는 배려 안에 살고 있다. 다시 말해 현존재는 과거·현재·미래라는 세 가지 시제의 모든 것에 걸쳐 존재한다는 것이다. 음표들이 제각기 따로 있으면 음악이

성립하지 않는 것과 마찬가지로 인생도 역시 뿔뿔이 떨어진 시간을 통합한 전체인 것이다.

하이데거는 시간을 살아가는 현존재(인간)가 미래에는 이미 어떤 가능성도 없는, 궁극의 '가능성'을 갖고 있다고 말한다. 요컨대 그 가능성의 끝은 죽는 것이다. 자신의 죽음은 아무도 대신해줄 수 없다. 죽음은 확실하며, 먼저 체험할 수도 없고, 또 언제 올지 알 수 없는 '나보다 앞서 있는' 가능성이다.

살아가는 것과 죽는 것은 동전의 앞뒷면과 같다. 죽음을 자각함으로써 우리는 자신의 존재 전체를 파악할 수 있다. 연예인의 가십이나 주위 사람들의 험담으로 존재의 시간을 낭비해서는 안 된다. 그럴 때 우리의 호기심은 무한히 앞을 달리느라 지금의 '존재'를 제대로 포착하지 못한다. 학교에서 창피를 당했다, 동료가 나를 앞질러 출세했다, 장래가 불안하다, 상대가 날 친절하게 대해주지 않는다 등 다양하고 쓸데없는 고민으로 신경을 낭비하기 전에 세계가 '있다'는 신비에 경탄하기 바란다.

대자연과 미술품, 그리고 사랑하는 사람이 '있다'는 데 감동할 수 있다면 우리를 번거롭게 하는 모든 일은 하찮다는 생각이 들 것이다. 참으로 멋지고 신기하지 않은가.

하룻밤에 읽는 서양철학

# 14

# 사르트르 · 메를로퐁티
## Sartre · Merleau-Ponty

### 의식과 실존주의 철학

실존은 본질에 앞선다

# 오로지 하나, 나 자신뿐

사람은 스스로의 것만 느낄 뿐, 타자의 정신을 직접 지각할 수는 없다. 후설은 타자의 몸이 나타나면 스스로의 몸과 비슷한 것으로 파악하고 거기에 의미를 전이한다고 봤다. 타자의 몸에 자신이 살고 '타자 안에 나를 갖고 들어가는 것', 바로 이것이 감정이입(의미의 전이)이라고 설명했다.

요즘 집에 틀어박혀 지내는 청년들이 기하급수적으로 늘어나고 있다고 한다. 이 현상을 '히키코모리'라고 한다. 이미 많은 사람이 알고 있다는 점이, 타인과 만나고 싶지 않은 사람들이 점점 늘고 있다는 증거다. 분명 타인과 만나 이야기를 하다 보면 상대로부터 상처를 받기도 하고 상처를 주기도 하는 등 번거로운 일이 많다. 자신이 타인에게 어떻게 보이는지도 신경이 쓰이고, 여러 명이 이야기

하룻밤에 읽는 서양철학

를 하고 있을 때도 자신만 고립되어 다른 사람들로부터 소외당하는 것 같은 허전함을 느끼는 경우도 있다.

어떤 사람이 자신을 제쳐놓고 타인을 더 높이 평가하는 말을 듣는다면, 자신이 인정받지 못한다는 생각이 들어 낙담하게 된다. 또한 과거에 타인에 대해 자신이 했던 말을 후회하고 기분이 우울해지기도 한다. 이와 비슷한 체험은 누구에게나 있다.

인간에게 있어서 최대의 고민은 타인이다. 살갗 하나를 경계로 함께 살아가지만 늘 타인에 의한 침범을 두려워하며 긴장한다. 자신과 타인과의 구별은 지극히 애매한 반면 타인에 의한 침입은 너무나 쉽게 이루어진다. 또한 자신도 역시 경계를 넘나들며 타인을 끊임없이 침범하고 있다. 서로를 침범하지 않기 위한 지혜를 터득하지 않는다면 쌍방 모두 괴로운 인생을 보내야만 한다. 대체 어떤 지혜를 터득해야만 안도감을 갖고 타인과 접촉할 수 있을까?

독아론獨我論이라는 사고방식이 있다. 자신 이외의 의식은 존재하지 않는다는 위험한 사고방식이다. 다른 사람의 배 아픈 심정은 이해하지 못한다. 그걸 이해하기 위해서는 어떻게 할까? 독아론은 이렇게 주장한다. 자신의 복통은 안다. 하지만 남의 복통은 알지 못할뿐더러 더구나 타인을 의식하고 있는지조차도 의심스럽다. 알 수 있는 거라곤 내 의식뿐……. 이렇게 생각하다 보면 점점 '히키코모리'가 되어버린다고 한다.

후설의 주장에 따르자면 타자란 감정이입의 대상, 다시 말해 내가 이해하고 있는 의미가 옮겨간 존재라고 설명한다. 그러나 이대로라면 타자를 자아의 연장으로 생각하는 정도로 되어버린다. 후설의 타자론他者論으로는 자신과 타자의 결정적인 차이를 극복할 수 없다. 까딱 잘못하면 순식간에 독아론으로 전락한다. 이대로는 수습이 되지 않기 때문에 기분을 바꾸어 다른 설을 살펴볼 필요가 있다.

# 시선이 나를 침범한다

즉자존재, 대자존재

---

의식적 존재인 인간은 '대자존재對自存在'가 되고, 의식을 갖지 않은 물질은 자기 자신과 딱 붙어 '즉자존재即自存在'가 된다. 인간은 누군가에 대한 반성적 자기의식을 갖는다. 여기에 '대자존재'로서의 인간이 지니는 의식의 균열이 있다. 인간이 추구하는 '즉자이자 대자(신)'은 존재하지 않는다. 본질을 만드는 신이 없는 이상 인간은 미리 본질을 갖고 태어나지 않는다. 우선 이 세계에 던져져서 실존하고 스스로를 형성해나간다. 이를 통해 사르트르는 실존은 본질에 앞서며, 그러므로 인간은 자유롭다고 설명한다.

프랑스의 철학자 사르트르는 독자적인 현상학을 전개했다. 사르트르는 《존재와 무》에서 서로 '시선'을 마주하는 엄격한 상극相剋의 관계로서 인간관계를 파악했다.

조약돌 같은 사물은 단지 그 자체로 있을 뿐이므로 아무것도 느끼지 못한다(즉자존재). 그에 대해 인간은 '그것이 그것이 아닌 바의 것이고 그것이 그것인 바의 것이 아니다(대자존재)'라는 방식으로 존재한다. 이해하기 어려운 표현이지만 요컨대 인간이라는 것은 의식과 함께 존재하며 또 자기 자신까지 대상화하는 존재라는 것이다. 그렇다면 '나'라는 것은 대체 무엇일까? 데카르트는 '나'를 실체라고 했다. 그렇기 때문에 '나'의 영혼은 영원하다. 그런데 현상학의 입장에서 고찰한 '나'란 '나'는 누구인지 생각하는 나, 라고 생각하는 나, 라고 생각하는 나… 이런 식으로 무한히 순환하는 '나'이며 실체는 아니다. '나'는 진정한 '나'와 같아질 수는 없다. 예를 들면 슬픈 사건이 있을 때 사람은 그 슬픔에 완전히 빠지지 못하고 슬퍼하고 있는 자신을 바라보는 스스로를 느끼며 의식의 균열을 깨닫는다.

자신이란 항상 자신이 아닌 것이다. 이것은 슬퍼해야 할 일일까? 아니, 그렇지는 않다. 사르트르는 인간이 아무것도 아니기 때문에 오히려 자유롭다고 주장했다. '자신이 아무것도 아니다'라는 말은 정해진 것이 없기 때문에 바로 인간은 사실적인 모습으로 고정되지 않고 미래를 향해 살아갈 수 있으며, 지금 실현하지 못하는 모습을 향해 현재를 극복하고 돌진하는 자유를 갖고 있다는 의미다.

인간은 하나님에 의해 '어떠한' 존재라고 정해진 게 아니라 이 세계에 내던져져 스스로를 만든다고 봤다. 이러한 인간의 모습을 사르트르는 '실존은 본질에 앞선다'라고 표현했다.

여기까지의 생각을 단서로 해서 타자에 대해 생각해보자. 사르트르의 주장에 의하면 인간은 항상 타자에 대해 있는 존재지만 그 타자란 '내게 시선을 향하고 있는 자'를 말한다. 타자는 내게 '시선'을 맞추고 건넴으로써 내 비밀을 쥐려는 자로 내게 느껴진다.

예를 들면 사람은 비행기를 타고 있을 때 그곳에 있는 승무원을 의식이 있는 존재로서 간주하지는 않는다. 그들은 굳이 말하자면 비행기와 같이 물체에 가까운 존재다. 하지만 만약 승무원이 갑자기 당신에게 '시선'을 주고 당신을 관찰하려는 몸짓을 시작했다면 어떨까? 당신은 긴장할 것이다. 지하철 좌석 맞은편에 앉아 있는 사람과 눈이 마주치면 시선을 피하는 것 역시 마찬가지 이유다.

이처럼 우리는 타자의 시선에 노출되면 자기도 모르게 몸이 굳어지는 것을 느낀다. 사르트르의 표현에 의하면 타자는 '나를 송두리째 그대로 응고시키는' 적이다. 듣고 보면 맞는 말인 것이, 아무리 절친한 사람이라도 타인으로부터 '눈길'을 받으면 사람은 다소 긴장을 느낀다.

# 타인은 지옥이다

앙가주망

사르트르는 현존하는 모든 행동은 어떤 가능성을 미래로 향해 투기projection
하고 있다는 증거로 봤다. 자기의 가능성을 선택하는 투기가 상황에 의미를
부여하며, 행동의 능동적 측면을 강조했다. 사르트르는 실존주의의 입장에
서 마르크스주의를 재평가했다. 이 입장에서는 사적유물론史的唯物論을 '역사
의 유일하고 유효한 해석을 부여하는 것'으로, 나아가 '극복이 불가능한 현
대의 철학'으로까지 평가했다. 이 마르크스주의의 틈새를 메우는 것이 사르
트르의 실존주의다.

그렇다면 어째서 타자에 의한 '시선'을 받으면 긴장이 되는 걸
까? 사르트르의 주장에 따르면, 타자에 의해 '시선'을 받으면 나는
자유로운 '대자존재'가 아니라 물체로서의 '즉자존재'로 전락해버
리기 때문이라고 한다. 다시 말해 긴장감의 원인은 '시선'을 받은
내가 내가 아니게 되어버릴 것 같다는, 자신이 대상화되어 물체가
되어버린다는 불안에 있다. 누군가가 나를 바라볼 때의 스트레스는

하룻밤에 읽는 서양철학

그 누군가라는 대자존재에게 자신이 즉자존재로 바뀐다는 불쾌함에 있었던 것이다.

그렇다면 우리는 평소에 이러한 상태에 대해 어떻게 대처하고 있을까? 사실 우리는 접촉해야만 하는 상대에게는 '시선'을 마주 보내고 있다. 그 행동은 상대가 자신을 인정해주기를 바라는, 자신도 의식이 있는 존재라는 불안에 대한 보상이다.

인간관계란 이렇게 서로에게 '시선'을 주고받는, 자유로운 주체끼리에 의한 불가피한 상극의 상태다. 그러므로 자신이 '시선'을 받기만 하는 존재로 묻혀버리거나 타인에게 '시선'을 향하는 일을 무서워하면 관계는 성립하지 않는다.

그렇다면 어떻게 해야 할까? 그 대답은 사르트르가 이미 제시해놓았다. 사르트르는 이러한 타자의 '시선'에 노출되면서도 자신의 행위를 투기해나가야만 한다고 생각했다.

예를 들자면 어떤 이성을 좋아하다가 그 이성과 결혼하는 사람은 단순히 개인의 취향으로 살아가는 것뿐만 아니라 일부일처제를, 인간 누구에게나 적용되는 삶으로 긍정하고 있다는 것이 된다.

이처럼 인간이 행위한다는 것은 그 행위에 '자신을 구속하고 투입하는' 것임과 동시에 그 행위에 '전 인류를 구속하고 끌어들이는' 것과 다르지 않다. '자기를 선택하는' 것은 '전 인류를 선택하는' 것이다. 그러므로 모든 행위는 그대로 사회참여, 즉 '앙가주망engagement'의 행동과 다르지 않다고 사르트르는 주장한다(참고로 사르트르는 나중에 마르크스주의로 급격하게 접근해간다).

인간의 행위는 그것을 행함과 동시에 즉시 타자의 음미와 비판의 대상이 된다. 즉 '시선'에 노출되는 것이다. 그러나 그것을 두려워해서는 안 된다. 인간관계가 자유로운 주체끼리의 연결인 이상, '시선'이라는 둘 사이의 공간에서 타자로부터의 승인을 얻기 위해 자신의 행위를 선택하며 살아가야 하는 것이다.

사회란 이처럼 번거로운 관계의 집합체다. '히키코모리'처럼 스스로를 은닉하고 싶은 것도 무리가 아니다. 그러나 두려워 말고 열심히 자신의 의식의 존재를 주장해나가자.

# 서로에게 향하는 길

현상야

메를로퐁티는 현상학적 환원의 생활(세계)에 대한 적용을 주장하는 후설의
후기 사상에서 출발했다. 메를로퐁티에 의한 현상학적 환원의 목적은 주관
과 객관의 도식을 폐지하고 세계에서 자신의 존재를 재인식하며 타인의 경
험까지 자신의 경험으로 인식하는 데 있다(타자문제).

　메를로퐁티 역시 《지각의 현상학》에서 현상학적 접근을 시도했
다. 그는 후설이 주장한 초월론적 주관성도 하나의 상호주관성이
될 수 있지 않을까 생각했다. 즉 '이 라면의 맛은 나밖에 알지 못한
다'라는 입장에서 나아가, '다른 사람도 똑같은 라면을 똑같이 맛보
고 공감할 수 있다'라고 말할 수 있다는 의견이다.
　우리는 내가 느끼는 라면의 맛과 다른 사람이 느끼는 그 맛이 똑

같다는 것을 당연하게 생각한다. 하지만 이론상으로 느낀 두 맛이 같다는 것을 어떻게 확인할 수 있을까?

메를로퐁티는 내가 살 수 있는, 지각한 상태의 현실 세계를 '현상야現象野'라고 불렀다. '현상야'를 살아가는 주체는 '자기의 몸'이라고 그는 주장한다. 그는 몸이야말로 다른 누구와도 대체시킬 수 없는 '실존'이며, '눈에 보이는 구체적인 자아의 표현'으로 봤다.

그의 사상을 통해 우리는 세계를 보는 안목, 특히 공간을 이해하는 방식을 변화시킬 수 있다. 이제 공간은 몸을 중심으로 방향이 결정된 장으로 거듭난다. 그것은 신체를 통해 행동이 가능한지에 따라 결정된다. 신체야말로 주관이다. 나아가 '나=신체'라고 말할 수 있을 뿐 아니라 동시에 그것은 객관이 된다. 당신의 손은 당신 자체, 곧 주관이면서 관찰의 대상, 곧 객관이기도 하다(신체적 실존의 양의성). 이로써 자연스럽게 타자를 향한 길이 열리게 되었다.

내가 내 오른손으로 왼손을 '만질' 때 거꾸로 왼손이 오른손을 만지고 그것을 '느끼고 있다'고 말할 수 있다. 타자와 '악수'하거나 타자의 손을 '봄'으로써 거기에 살아 있는 타자가 있음을, 이를 납득할 수 있다. 라면의 맛을 친구와 공유할 수 있는 것은 친구와 같은 세계에 있다는 사실이 내 몸 가까이에 있기 때문이다.

타자와 함께 살아간다는 것을 우리는 부정할 수 없다. 우리는 타자에게 불안을 느끼면서도 동시에 타인과 공감할 수 있는 존재다. 타자와의 관계를 두려워하지 말고 스스로를 열어 살아가도록 하자.

하룻밤에 읽는 서양철학

# 15

# 비트겐슈타인
## Wittgenstein

### 논리철학

언어가 세계를 짓는다

# 과거의 철학은 갈피를 잃었다

아리스토텔레스에 의하면 판단은 'S는 P이다(가 아니다)'라는 주어와 술어로 구성된 정언판단定言判斷이 기본이다. 인간의 추론은 이 변종으로 간주된다. 예를 들어 S를 '소크라테스'로 P를 '인간'으로 친다면 '소크라테스는 인간이다'가 된다. 이러한 명제들의 구성을 만들어 두 개 이상의 전제로부터 결론을 이끌어내는 추리를 '정언삼단논법定言三段論法'이라고 한다

과거의 모든 철학에 싸움을 걸어온 철학자가 있었다. 그는 하마터면 철학의 숨통을 끊어놓을 뻔했다. 격투기에 비유한다면 니체가 발차기 기술로 근대까지의 철학을 쓰러뜨린 것과 달리 그는 링 자체를 파괴하려고 했다.

물론 철학에 원한이 있었던 것은 아니다. 그는 과거에 복잡하게 얽혀 있던 철학의 난제들은, 언어를 엄밀하게 사용하면 모두 해결

하룻밤에 읽는 서양철학

되는 게 아닐까 하고 상상했다. 그러자니 과거의 철학에 의해 잘못 사용했던 언어들을 수정하지 않을 수 없었고 결과적으로 니체의 경우와 마찬가지로 대부분의 철학을 공격의 대상으로 결정하게 되었던 것이다.

그의 이름은 비트겐슈타인. 현대 사상에 헤아릴 수 없는 영향을 준 인물이다. 언어론적 전환이라 불렸던 그 혁명이란 대체 무엇이었을까? 그리고 그 철학에서 우리는 무엇을 배울 수 있을까?

그의 철학은 논리학이라는, 절반은 수학과도 같은 학문과 협력하며 전개해나간다. 학생이나 직장인에게 도움이 될 만한 사고의 힌트가 가득 담겨 있는 철학이다.

어쨌거나 우리는 일상생활에서 논리를 이용하지 않는 경우가 거의 없다. 그뿐 아니라 논리는 이를테면 "내일 날씨가 화창하면 소풍 간다"는, 유치원에 가는 아이의 말에서도 찾아볼 수 있다. '○○라면 ××이다'라는 것은 논리적인 명제. 이 논리라는 것은 공식과 비슷해서, 이 공식을 모두 상관하지 않고 철학을 설명할 수가 없다. 만약 이게 가능하다면 인간의 논리적 사고의 전체적인 모습이 그려지지 않을까?

논리에 대한 연구는 무려 3천 년 전부터 이루어졌다. 그 대표격은 제2장에 등장한 아리스토텔레스다. 논리학은 사고의 문법이다. 논리의 형식적 규칙을 벗어난 사고는 존재하지 않는다. 아리스토텔레스는 그러한 인간의 사고 유형을 도출하고자 시도했다.

논리학이란 사고의 소재가 완전히 똑같은 내용이라도 배열이나 양적, 질적인 요소에 의해 논리의 진위가 변화해가는 유형을 연구하는 학문이다. 비트겐슈타인은 이 논리학을 우리가 살아가는 세계라는 무대에 적용시켜 생각했다. 그랬더니 그동안 없던 엄청난 사실이 밝혀졌다.

# 언어는 기호가 된다

기호논리학

'내일 날씨가 맑으면 입학식이 있다'라는 문장은 '내일 날씨가 맑다'와 '입학식이 있다'라는 두 문장으로 성립되어 있다. 이 문장과 문장을 기호로 결합해 그 진리값을 구하는 것을 명제논리학이라고 한다. 반면 '있다 X'를 주어로 생각하고 그 이외의 것을 모두 그 술어로 하여 재인식하는 것을 술어논리학이라고 한다.

독일의 철학자이며 수학자인 라이프니츠Leibniz는 매우 흥미로운 이야기를 했다. 논의가 한창인 가운데 의견이 대립해 막혔을 때는 종이와 펜을 가지고 와서 "자, 계산해보지 않겠습니까" 하고 말하면 모두 해결된다는 것이다. 다시 말해 언어를 기호화하여 계산하면 답이 나온다고 생각했다. 보편수학의 구상, 미분법을 고안해낸 수학자다운 발상이었다.

라이프니츠가 구상한 논리학 연구는 19세기 중엽부터 20세기 전반에 걸쳐 비약적인 진보를 보였다. 그 시기에는 수학적 접근을 구사한 새로운 논리학이 잇달아 탄생했다.

이것은 기호논리학이라 불리는 것으로 프레게$^{Frege}$ 등의 논리학을 거쳐 러셀$^{Russel}$과 화이트헤드$^{Whitehead}$가 함께 쓴 《수학원리》를 통해 집대성되었다. 이 기호논리학은 명제논리학과 술어논리학으로 크게 구분할 수 있다.

명제논리학은 명제의 긍정·부정과 명제에 연결되는 접속사에만 주목해 언어의 기호화를 실시한다. 예를 들면 '이번 달은 4월이다'라는 명제를 p로 놓고 '입학식이 있다'를 q로 놓고 이것을 '→'(이라면이라는) 접속기호로 연결하면 'p → q', 즉 '이번 달이 4월이라면 입학식이 있다'가 된다. 다음에는 p나 q 등의 의미 내용은 제쳐 두고 p, q의 기호관계에 대해 참인지 거짓인지를 계산한다.

한편 술어논리학은 '있다 $x$'를 주어로 생각하고 그 이외의 것은 모두 술어로 재해석하려는 논리학이다. 술어논리학에서는 '모든 동물은 죽는다'라는 명제는 '모든 $x$에 대해 $x$가 동물이(라면), 그 $x$는 죽는다'가 되어, $\forall x (Fx \rightarrow Gx)$라는 기호로 표현된다.

이처럼 언어가 수식화된다는 것은 당시로서는 매우 충격이었다. 그러나 언어가 올바르게 이용되고 있는지 아닌지가 일목요연해지는, 이 강력한 시스템이 혹시 세계의 수수께끼가 풀리는 기회가 되지 않을까라는 기대가 팽배했다.

하룻밤에 읽는 서양철학

# 언어와 세계는 동전의 양면
## 사상이론

언어는 현실의 여러 대상이 서로 관련되어 있는 방식에 맞추어 배치되어 있다. 그러므로 우리가 언어화하고 있는 것(명제)은 모두 상을 갖고 있는 것이고 그것은 이 세계의 논리공간의 구조를 그대로 나타내고 있다고 여긴다(사상이론寫像理論).

철학자 루드비히 비트겐슈타인이 저술한 《논리철학논고》는 독특한 형식을 취하고 있다.

1 세계란 생기生起하고 있는 모든 것이다.
1·11 세계는 여러 사실들에 의해 게다가 이들이 모든 사실이라는 것에 의해 결정되고 있다.

1·13 논리공간에 있어서 여러 사실이 세계다.

　이러한 연번식連番式 문장이 마지막의 '말할 수 없는 것에 관해서는 사람은 침묵해야만 한다'까지 이어진다. 이 책은 논리와 논리 형식의 화제에서 출발해 수의 개념, 인과因果, 철학의 목적, 독아론, 윤리와 종교, 살아가는 문제까지 폭넓게 망라하고 있다.

　비트겐슈타인은 언어와 세계에는 공통된 구조가 있다고 생각했다. 다시 말해 세계와 언어는 이른바 동전의 앞뒤처럼 떼어놓을 수 없는 것으로, 언어를 통해 표현되는 것이 바로 세계라는 생각이다. 우리에게는 세계가 이미 독립된 존재이며 언어는 거기에 첨부되고 있다는 착각이 있지만, 사실은 세계 자체가 언어다.

2·12 상像은 현실의 모델이다.

　《논리철학논고》의 논리 체계를 뒷받침해주는 이러한 논리를 사상이론이라고 한다. 언어가 세계를 정확하게 모사해내고 있다면 언어의 사용법을 분석함으로써 우리가 세계를 바르게 인식하고 있는지 여부가 밝혀진다. 그래서 기호논리학을 통해 다양한 철학적 명제를 분석해야 한다. 그러면 계산에 의해 옳은 명제와 잘못된 명제를 즉시 밝혀낼 수 있다(그러기 위해 참과 거짓의 값을 입·출력하는 관수인 진리관수眞理關數가 제기되었다).

　이렇게 하여 비트겐슈타인은《논리철학논고》에 의해 철학의 문제는 모두 해결되었다고 확신했다. 세계와 언어의 관계를 밝히며 정확한 언어표현(논리학)을 토대로 과거의 철학을 분석하고 대부분의 철학이 잘못되었다고 결론지은 것이다.

# 당신의 질문 자체가 당찮다

비트겐슈타인에게 '사상思想이란 유의의有意義한 명제(4)'이고 '명제의 총합계가 언어(4.001)'다. 그는 '철학은 사고 불가능한 것을, 내측으로부터 사고 가능한 것에 의해 한계를 부여해야만 한다(4.114)'고 말한다. 이때, 철학은 그 자체로 무의미한 명제의 나열이 된다.

세계와 언어는 완전히 연동하며 언어는 논리학의 기호화로 완전히 표현되는 것이므로 세계의 사건 유형은 모두 논리학의 명제로 표현될 것이다.

만약 당신이 비트겐슈타인에게 "세계는 왜 있는가?"라는 철학적 질문을 던졌다고 하자. 그 질문에 그는 어떻게 대답할까? 그는 냉정한 태도로 이렇게 대답할 것이다.

"'세계'나 '존재'라는 것은 현실적인 '상像'으로는 있을 수 없다. 그러므로 이들 관찰 불가능한 사상事象에 대해 의미가 있는 명제를 만들 수는 없다(올바르게 언어화할 수 없다). 그러므로 '세계는 왜 있는가'라는 질문 자체에 의미가 없다."

그렇다면 우리가 평소에 늘 의문으로 삼고 있는 '세계의 존재' '인생의 의미' '사후세계' '신의 존재' 등 근대까지의 철학이 진지하게 몰두해온 모든 테제는 비트겐슈타인에 의해 모조리 무의미한 것이 되어버린다.

6·521 생의 문제에 대한 해결을 사람이 인식하려면 이 문제가 사라져야 가능하다.

만약 친구가 '나는 내 자신이 존재하는 이유를 알 수가 없어'라든가 '진실이란 뭘까' 혹은 '무엇을 위해 사는 걸까' 등으로 고민하고 있다고 하자. 《논리철학논고》의 논리를 따른다면, 이렇게 대답할 수밖에 없을 것이다. '네 고민은 사실로 존재하지 않는 것이므로 그 의문 자체가 무의미하다. 그러므로 해결하려면 그 의문을 소멸시키는 것이 가장 좋다'라고. 아마 이해시킬 수 없을 것이다.

세계는 논리로 채워져 있기 때문에 세계의 한계는 논리의 한계이기도 하다. 우리가 생각할 수 없는 것은, 이야기할 수도 없다.

'운명은 있는 걸까' '진실한 사랑이란 뭘까' '하나님은 어째서 세계를 구원해 주지 않는 걸까' '무엇 때문에 살아가고 있는가' '정의

란 무엇일까' '인간은 죽으면 어떻게 될까'… 이러한 질문들에 대한
정해진 대답은 바로 이렇다.

"말할 수 없는 것에 관해서는 침묵해야만 한다."

# 말할 수 없는 생각은 죽는가

언어와 실재는 구조적으로 동일한 성질을 갖고 있으며, 실재를 표현하는 가장 논리적인 존재가 언어라고 말한 비트겐슈타인의 주장은 '말로 설명할 수 없음'이라는 한계를 맞이한다. 확신했던 주장이 흔들리기 시작하자 그는 학계를 떠난다.

이렇게 하여 비트겐슈타인은 '철학의 올바른 방법은 이야기할 수 있는 것, 즉 자연과학의 명제로 한정되어야 하며 다시 말해 철학과는 관계가 없는 것만을 말해야 한다'고 주장했다. 나아가 타인의 눈에는 보이지 않는, 현실세계를 초월한 형이상학적인 이야기를 하고자 할 때는 항상 자신의 명제에 있는 기호에 어떤 의미도 부여하지 않고 있음을 타인에게 미리 양해를 구해두어야 한다고도 말했다.

이대로라면 그의 논리처럼 철학이 되지 않는다. 일체의 철학 명제에 의미가 없는 것이라면 철학은 퇴장하는 수밖에 없다. 그런데 그는 이런 내용도 기록하고 있다.

6·522 그러나 표명할 수 없는 것이 존재한다. 그것은 스스로를 나타낸다. 그것은 신비로운 것이다.

무슨 말일까? 이것은 우리 삶에 언어로 표현할 수 없는 뭔가가 존재한다는 의미다. 예를 들면 우리에게는 아름다운 풍경에 감동하여 말조차 막히는 경우가 있다. 그것을 두고 '산이 있다' '바다가 있다'라는 명제로 했다고 해서 그 감동을 충분히 전할 수는 없다. 거기에는 언어화할 수 없는 뭔가가 있다.

아름다운 풍경은 설사 표현은 되지 않더라도 스스로를 나타낼 수는 있다. 그것을 우리는 신비라고 느낀다. 우리가 말로 할 수 없기 때문에 그것이 존재하지 않는다고 말할 수는 없다.

그런데 비트겐슈타인에 의하면 '언어화할 수 없기 때문에 그것은 존재하지 않는다'라는 것은 옹색한 명제이므로 그것을 이야기할 수도 없다. 그렇다면 어떻게 해야 할까? 침묵하는 수밖에 없다. 여기에 종교적 체험의 여지가 남아 있다.

비트겐슈타인은 철학을 부정하려던 것이 아니라 언어로 표현되지 않는 신비의 영역을 강조하고 싶었던 것이라고 해석할 수 있다. 이로써 철학은 사멸하고 인생의 문제는 모두 해결된 것처럼 보였다. 비트겐슈타인은 이 문제에 한계를 느끼고 철학에서 물러났다.

그런데 어느 날, 그에게 아는 사람이 손가락을 턱 밑에서 바깥쪽으로 미끄러지는 동작(혐오를 나타내는 몸짓)을 하고 '이것의 논리 형식은 무엇입니까?'라고 물어왔다.

이 경우 손가락으로 눈 밑을 잡아당겨 '메롱'하고 대꾸해도 될 것이다. '메롱'이라는 상像을 기호논리화하면 어떻게 되겠는가? 무엇보다 '메롱'만을 보고 의미를 알 수는 없다. 그렇다면 의미는 어떻게 결정되는 걸까?

이 친구의 질문을 계기로 비트겐슈타인은 철학으로 복귀하기로 결심하고 그후 놀랄 만한 발견을 했다.

# 상황이 언어를 결정한다

언어론적 전회

언어론적 전회言語論的 轉回는 20세기 철학의 주요 움직임을 보여주는 말이다. 빈 학파가 사용하고 이후 로티가 세상에 널리 확산시켰다. 주로 영·미의 분석철학 발전을 의미한다. 또한 근대 철학의 안티테제도 의미한다. 이 흐름의 철학을 무시하고 근대 철학(헤겔까지)을 고집하는 것은 철학의 최신 동향에 뒤떨어지는 행보였다.

일반적으로 철학자가 자신의 이론을 주장할 때 그것을 도중에 버리는 일은 거의 없다. 데카르트는 "나는 생각한다. 고로 나는 존재한다"라는 자신의 주장을 죽을 때까지 관철했다. 그러나 비트겐슈타인은 《논리철학논고》의 핵심이 되는 사상이론을 미련 없이 내던져버렸다.

그는 논리학을 토대로 한 그때까지의 사상을 스스로 부정함으로써 후기 사상이라 불리는 새로운 성과를 창출시킨다. 그의 저서인 《철학적 탐구》는 우리의 일상 언어에 대해 엄밀하게 고찰하고, 다양한 언어활동을 언어 게임이라는 용어로 나타낸 책이다.

예를 들면 "앗, 자동차다"라고 누군가 말했다고 하자. 무슨 의미일까? 《논리철학논고》에 나타나 있는 사상이론으로는 설명이 불가능하다. "차를 피해라"라는 의미인가, "멋진 차야"라는 의미인가? 오랜 세월을 함께한 부부에게는 남편이 "저거"라고 하면 아내는 얼른 알아듣고 간장병을 집어주는 모습이 낯설지 않다. 여기에는 기호논리학에서 말하는 논리 형식이 존재하지 않는다.

비트겐슈타인은 사람들은 각각의 생활 가운데 일정한 규칙을 토대로 언어 게임을 하고, 언어의 의미는 그 문장이 사용되는 문맥이나 그 문장이 속한 게임 규칙 안에서 이해되어야 한다고 했다. 다시 말해 언어의 의미는 사물과의 대응에 의해서가 아니라 그 언어가 촉발시킨 상황에 의해 결정되는 것이다. 그의 철학 작업은 언어의 용법이 야기시킨 다양한 문제를 해결하는 데 있고, 그 열쇠는 일상 언어의 분석에 있었다.

그의 출현으로 인해 철학의 중심 문제는 '인식'에서 '언어'로 옮겨 갔다. 이것을 언어론적 전회라고 부른다. 이렇게 언어 분석이 철학의 중심 과제라는 선언이 이루어졌다.

여기서부터 현상학이나 구조주의 등과 나란히 분석철학이 전개되었다. 오늘날에는 분석철학이야말로 철학이라는 자신만만한 태도를 취하는 연구자들도 있다.

우리 일상에서 가장 중요한 것은 무엇일까? 그것은 바로 언어다. 자신의 언어 능력을 높이는것이 세계를 개척하는 유력한 도구라는 것은 비트겐슈타인이 이미 증명해냈다.

# 16

# 소쉬르 · 레비스트로스
Saussure · Levi-Strauss

언어학과 구조주의

이면에 존재하는
구조를 활용하라

# 오로지 관계만이 존재한다

구조주의는 소쉬르, 레비스트로스, 라캉, 알튀세르 등의 인물로 대표되는 철학이다. 구조주의는 근대까지의 실체론을 부정하고 차이성, 무의식성에 대해 고찰하고 객관적이고 과학적인 관점을 갖는다. 고정적인 원리를 주장하는 것이 아니라 구조 내의 차이를 밝혀나가는 방법이다.

지금부터 나올 내용에서는 구조주의라는 말이 핵심이다. 구조주의란 뭘까? 구조는 관계라는 말로 바꿔서 표현할 수 있다. 개별적인 요소만 갖고는 아무리 조사해봐야 이해할 수 없으므로 관계를 살핀다는 것이 구조주의 방법의 핵심이다. 예를 들면 프로이트의 정신분석만 봐도, 물론 프로이트 자신이 그렇게 분명히 말한 건 아니지만 구조주의의 견해에 매우 가까운 방식을 취했다.

남학생이 어떤 여학생을 좋아하게 되었다고 생각해보자. 공부가 손에 잡히지 않는다. 하지만 시험이 끝난 순간 '저 아이는 얼굴은 예쁜지 모르지만 아무래도 성격이 좋지 않아'라는 생각이 들어 그 아이에게 흥미가 없어졌다. 이 경우 철학이라면 '이 학생은 진정한 연애를 했던 걸까' 등의 의문을 갖겠지만 이렇게 복잡하게 생각해봐야 대답은 나오지 않는다.

프로이트에 의하면 이 물음에 대한 해답은 매우 명쾌하다. 즉 그것은 시험 공부로부터 도피하기 위한 전형적인 방어기제였다고 할 수 있다. 공부하고 싶지 않다는 사실을 인정하는 것은 양심에 찔리기 때문에 양심이 연애로 의식을 돌리게 해 '숭고한 연애 때문에 공부를 할 수 없었다'라고 자신을 납득시키는 것이라고 설명한다.

이러한 현상의 설명에 프로이트는 자아·초자아·무의식(에스)이라는 심적 장치를 구실로 내세운다. 그렇다면 그러한 장치가 뇌 어디에 있는 거냐고, 보여달라고 해봐야 불가능하다. 무의식을 필사적으로 찾아봐야 어디에서도 찾을 수 없다. 왜냐하면 자아·초자아·무의식이라는 것은 심리 현상을 설명하기 위한 구조이기 때문이다.

다시 말해 구조란 실제로 눈에 보이는 것이 아니라 관계를 지음으로써 어떤 사건을 제대로 설명하기 위한, 편의상의 모델이다. 먼저 지금부터 모든 것이 언어이며 언어의 관계를 알면 보이지 않는 구조가 부각된다고 생각한 사상가를 소개하겠다. 소쉬르라는 언어학자다.

# 말이 앎을 만든다

시뉴, 시니피앙, 시니피에

소쉬르가 언어의 구조를 설명하기 위해 제시한 세 가지 개념이 있다. 먼저 시니피앙signifian은 음성의 청각적인 영상으로서 형성되는 것을 말한다. 시니피에signifie는 언어 기호인 시뉴signe가 그 내부에 지니는 개념(의미)을 의미한다.

소쉬르는 프랑스 귀족의 후예로 제네바의 유서 깊은 가문에서 탄생했다. 그는 젊은 시절 언어학 분야에서 눈부신 업적을 쌓았다. 그러나 그의 이름을 후세에 남긴 것은 늙고 난 다음에야 이루어졌던 세 번의 강의였다. 이 강의는 소쉬르의 건강 악화 때문에 중단되었고 얼마 후 소쉬르는 세상을 떠났다.

소쉬르 자신은 이 강의의 내용을 직접 저서로 정리하지는 못했

하룻밤에 읽는 서양철학

다. 이 강의의 내용은 그의 죽음과 함께 사라져버릴 운명이었다. 그러나 이 강의는 사라지지 않았다. 강의를 들었던 학생들이 자신들의 노트를 가지고 모여 소쉬르가 이야기했던 내용을 강의록으로 정리했기 때문이다. 이것이 지금 남아 있는 《일반언어학 강의》다. 이 책이 세상에 나오자 소쉬르의 이름은 순식간에 세계적으로 유명해졌다. 소쉬르는 세 번째 강의를 통해 어떤 혁명적인 이론을 주장했던 걸까?

우리는 보통 눈앞에 실재하는 물리적 대상에 대해 언어의 라벨을 붙이고 있다고 생각한다. 다시 말해 실체로서의 '꽃'이 우선 있고 그것에 대해 '꽃'이라는 말을 붙이고 있다는 식이다.

예를 들면 눈앞에 장가리안 햄스터, 캠벨 햄스터, 골든 햄스터 등 여러 가지 햄스터가 있다고 하자. 우리는 그 종류들을 처음부터 명확하게 구별하고 있었으며 나중에 각각 이름을 붙인 것이라고 생각한다. 그러나 정말로 그럴까?

일단 당신이 햄스터의 다양한 종류를 나타내는 말을 모르는 상태라고 하자. 그러면 그 햄스터 무리는 그 다양성에도 불구하고 '햄스터'라는 단 하나의 말로 아우르게 된다.

여기서 알 수 있는 것은 햄스터 종류의 차이는 사실 처음부터 인식되어 있었던 게 아니라 종류의 차이를 나타내는 말을 알고 나서 비로소 인식했다는 것이다. '햄스터'라는 단어밖에 알지 못하면 햄스터들은 한 종류의 동물의 무리로서 인식할 수밖에 없다. 그러나 "이것은 장가리안이라는 종류야"라는 식으로 햄스터에 이름을 부여함으로써 햄스터와 자신과의 관계는 변화하며 그때까지와는 다른 방식으로 세계를 인식한다. 결국 대상과 언어는 표리일체인 것이다.

소쉬르는 언어가 다른 뭔가를 나타내는 대리물이라는 사고방식을 버려야만 한다고 말한다. 그는 언어에 의해 이름이 붙여지기 전에 물체나 관념은 존재하지 않는다고 생각했다. 그렇다면 물체나 관념을 대상으로 인식시키는, 언어라는 것은 어떤 구조로 되어 있는 걸까?

소쉬르는 언어인 시뉴는 시니피앙과 시니피에가 불가분의 관계를 맺고 있는 것이라고 말했다.

예를 들어 햄스터라는 시뉴가 있다고 하자. 언어는 [hæmstər]라는 발음과 'hamster햄스터'라는 글자, 우리가 지각할 수 있는 두 요소로 이루어져 있다. 이것이 시니피앙이다. 시니피앙은 시각과 청각이 인식하는 음성과 문자의 이미지다.

그렇다면 시니피에란 뭘까? 이것은 우리가 시니피앙을 지각했을 때 그 자극을 통해 우리 마음속에 떠오르는 이미지 그리고 관념을 말한다. '햄스터'라는 시니피앙을 받아들였을 때 우리는 '눈이 또록또록하다' '쪼르르 움직인다' '머리를 긁적이며 털 고르기를 한다' 등의 이미지를 떠올린다. 이때 나타나는 이미지가 시니피에로, 보통 우리가 언어의 '의미'라 부르는 것이다.

여기서도 알 수 있듯이 햄스터라는 단어는, 이미 어딘가에 있는

'햄스터'의 의미에 [hǽmstər]라는 소리를 적용시킨 것이 아니다. 의미와 소리는 마치 종이의 앞면과 뒷면처럼 일체화되어 동시에 나타나는 것이다.

예를 들면 우리는 '나방'과 '나비'를 구별해서 말하지만 프랑스 사람들은 둘 다 '빠삐용'으로 표현한다. 이는 즉 우리가 '나방'과 나비를 구별할 때 쓰는 감각이 프랑스 사람들에게는 없다는 것이다. 프랑스 사람들은 '나방'과 '나비'를 구별하지 않는 세계에 살고 있다는 결과가 된다.

또한 우리는 '눈'을 싸락눈, 함박눈, 진눈깨비 등으로 표현하지만 표현의 변칙은 그다지 많지 않다. 한편 에스키모 이누이트 족은 '눈'이라는 존재를 표현할 때 놀랄 만큼 많은 종류로 나누어 말한다. 역시 우리와 이누이트가 사용하는 언어의 차이는 살아 있는 세계의 차이를 나타낸다.

물건과 일을 말을 통해 구별하는 것은 곧 언어에 의해 현실세계를 구분 짓는(분절화) 것이다. 그 반대가 아니다. 우리는 이미 구분 지어진 세계에 말을 적용시키고 있는 것은 아니기 때문이다.

동전의 뒷면만 이용하고 앞면은 이용하지 않는다고 말할 수 없는 것처럼 소리, 문자와 그 의미는 떼어놓을 수 없다. 언어기호를 시니피앙과 시니피에로 분리해 생각하는 일은 불가능하다.

이렇게 생각하면 근대까지의 철학이 주장한 '그 자체(실체·본질)'를 사고하는 일은 무리임을 이해할 수 있다. 우리는 언어가 지시하는 것(시니피앙)과 지시되는 것(시니피에)이라는 렌즈를 통하지 않고는 세계에 대해 생각할 수 없기 때문이다.

미리 확립된 개념은 존재하지 않고 언어의 표현 이전에는 무엇
하나 판명된 건 없다.

-《일반언어학 강의》

세계는 언어였다. 언어가 늘면 세계가 확장된다. 그렇다면 언어
와 언어의 관계를 분석하면 세계의 구조를 알 수 있다. 이것은 바로
철학의 코페르니쿠스적 혁명이었다.

# 복잡한 관계의 일정한 규칙

레비스트로스는 발음하는 사람에 따라 주파수나 발음의 길이 등이 다른 '음소音素'를 중시하는 음운론의 차이에 주목했다. 발성할 때 그 단어를 성립시키는 소리의 최소 단위가 '음소'다. 음소는 물리학적으로는 정의할 수 없다. 발음하는 사람에 따라 주파수나 발음의 길이 등이 다르기 때문이다. 따라서 음소는 그 언어가 지니는 체계의 '차이'로 인식할 수밖에 없다.

이제 이야기는 레비스트로스로 옮겨간다. 그는 문화인류학자로서 원주민의 생활 속으로 뛰어들어 그들의 친족이나 신화 등에 대해 연구했다.

당시 인류학자들이 골머리를 앓고 있던 문제는 미개인이라 불리는 민족에게 존재하는, 인세스트 터부incest taboo(근친간금기, 부모 자식, 형제끼리의 혼인 금지)에 관한 복잡한 규칙이었다. 특히 유명한 것은 '평행사촌'과 '교차사촌'에 대한 것이었다. 많은 민족 사이에서 '평행사촌'과의 결혼은 금기시되고 있었지만 '교차사촌'과의 결혼은 장려되고 있었다. 우리가 생각하기에는 평행이든 교차든 아무려면 어떠냐 싶은데, 미개 사회에서는 왜 그런 것이 중요할까? 많은 인류학자가 이 문제에 도전했지만 모두 머리만 혼란스러워졌을 뿐 모두 손을 든 상태였다.

이 문제를 놓고 레비스트로스는 야콥슨Jakobson을 만났다. 그는 소쉬르가 제창한 구조언어학의 원리를 이어받아 발전시킨 언어학자다. 야콥슨은 음운론이라는 이론을 레비스트로스에게 가르쳤다.

야콥슨은 발음으로서의 음운音韻은 상대적인 것이라고 말한다. 예를 들면 'r'과 'l'은 영어로는 전혀 다른 발음이 난다. rice는 '쌀'이지만 lice는 '이蝨'를 의미한다. 그러나 한국어로는 'r'과 'l'의 발음이 구별되지 않는다. '라이스 주세요'라고 하면 대체로 '이'를 '쌀' 이외의 아무 의미도 없다. 다시 말해 'r'과 'l'의 발음이 아무리 달라도 한국인에게는 그 차이가 존재하지 않는다. 여기서는 언어가 다르면 음소도 다르다. 즉 음운은 만국 공통의 절대적인 기준이 될 수 없다는 견해가 도출된다.

'r'과 'l'이라는 소리의 차이는 무엇에 의해 정해지는 걸까? 'r'과 'l'을 비롯한 각각의 언어에게 차이는 음운 체계 내에서의 관계(구조)에 의해 결정된다. 'r'과 'l'이 언어라는 호텔 안에서 각각 다른 방에 배치되어 있다면 'r'과 'l'은 구별되고 그렇지 않으면 구별되지 않는다(국어라는 호텔에서 'r'과 'l'은 같은 방에 속한다). 언어에서는 먼저 관계가 있고 요소는 뒷전으로 밀려난다.

이 이야기를 들은 레비스트로스는 어떤 생각이 떠올랐다. 어쩌면 구조라는 것은 온갖 현상들에 침잠하고 있는 게 아닐까? 있는 거라고는 각 요소 사이의 차이뿐인 것 아닐까? 레비스트로스는 즉시 인류학에 구조언어학 이론을 도입시켰다. 그러자 뜻밖에도 미개한 부족의 친족·혼인·신화 등이 언어와 마찬가지로 고유의 구조를 갖고 있음이 밝혀졌다.

'평행사촌'과 '교차사촌'의 풍습은 서양적인 관점에서 보면 개인의 자유를 허용하지 않는, 미개한 지역의 인습인 것처럼 보인다. 그러나 그 차이 측면에서 분석해보니 '교차사촌' 혼인은 여성의 교환에 의해 어떤 한 부족만이 번영하거나 쇠퇴하는 것을 조정하지 못하게 만들려는 구조임을 알게 되었다. 미개 사회에서는 여성을 '선물'로 생각했기에 혼인은 '여성의 교환'으로 이해할 수 있다. 같은 친족끼리 결혼한 경우는 다른 부족에 여성을 보낼 수 없기 때문에 교환물로서의 가치가 없어진다. 이것이 인세스트 터부가 발생한 기원이라고 레비스트로스는 생각했다. 근친혼의 유형이란, 미개한 민족으로 여겨지던 그들이 무의식중에 구축해온 긴밀한 구조였다.

결국 미개한 사회의 친족·친척·혼인 등의 사회적 관계는 서양의 관계와는 겉모습은 달라도 구조라는 관점에서는 기본적으로 똑같은 것이었다.

레비스트로스는 '야생의 사고'란 곧 구체적인 과학을 뜻한다고 봤다. 그는 그때까지의 '근대적 사고만이 이성적이다'라는 선입관을 적극적으로 비판하고, 자민족중심주의에 편중해 있던 서양의 세계관과 문명관에 근본적인 반성을 촉구했다.

# 말을 고르고 구조를 응용하고

구조주의는 언어학에서 출발했으나 시간이 흐를수록 문학, 인류학, 정신분석학 등 모든 분야에 지대한 영향을 미치며 우리 일상 속으로 스며들었다. 언어는 우리 생각을 가장 잘 나타내주는 도구이며, 문화를 지배하고 사람들의 사고방식이 되기 때문이다. 일상 속에서 구조주의를 활용하는 것이 의미 있는 이유다.


우리의 일상에 구조주의 학자들이 제시한 방법을 적용해보자. 다음은 구조주의 방법의 응용 사례다.

① 목적을 세운다
② 자료를 수집한다
③ 관계를 추출하여 구조의 모델을 만든다

(a) 대립하는 것을 골라낸다

(b) 닮은 것을 골라낸다

(c) 변화해가는 것을 골라낸다

④ 실제로 행동을 일으킨다


예를 들면 ① '오래도록 젊게 살고 싶다. 하루하루 변하는 노화현상에 쐐기를 박고 싶다'라는 목표를 세우는 경우 ②, ③을 동시에 실시한다. 여기서 '젊은이'에 대해서는 '아저씨'라는 항목을 두고 젊은이의 자료와 중장년의 자료를 비교 및 검토한다. 자료에 끊임없이 따라붙는 예외는 무시하고 각각의 자료를 큰 틀로 나누는 것이 요령이다.

②의 구체적인 방법은 다음과 같다.


(a) 젊은이는 혼자 있을 때는 조용히 있다.

아저씨는 혼자 있어도 혼잣말을 하거나 큰 동작을 취한다.

(a) 젊은이는 말이 짧다. 신조어를 만들며 생각이 유연하다.

아저씨는 말이 길다. 어휘가 구식이고, 고집이 세다.

(b) 젊은이는 자신과 직접 관계있는 것에 흥미가 있으며 정치나 경제에 흥미가 없다. 패션에 좌우된다. 정보에 좌우된다. '완성된 의견은 없다.

아저씨는 새로운 것에 도전하지 않는다. 취미가 없고, 항상 똑같은 복장을 하고 다닌다. 정치에 관심이 많으며 역사에 흥미가 있다. 자기 소신이 있다. 텔레비전을 향해 불평을 늘어놓는다.

(c) 나이를 먹어감에 따라 생기는 특징으로는 '과거에 매인다' '동작이 완만해지고 시간이 빨리 흐르는 것 같다는 생각을 한다' '걸핏하면 "요즘 젊은 것들은…" 하고 못마땅해 한다' '지식을 과시한다' '어설픈 농담을 한다' 등이 있다.

이어서 이것들을 종합해 양자의 관계를 추출하고 모델을 만든다. ③의 구체적인 방법은 다음과 같다.

젊은이는 남에게 보인다는 의식을 강하게 갖고 타인의 가치관을 신경 쓰지만, 아저씨는 자기가 자기를 본다는 의식이 강하고 자신의 가치관을 강하게 갖고 있어 고정관념에 매여 있다. 또 젊은이는 말이나 정보를 중시하지만 아저씨는 이치나 인정을 중시한다. 하지만 양쪽 모두 타인에게 인정받고 싶다는 강렬한 욕구를 굴절된 방식으로 표현하려고 한다.

이번에는 이렇게 완성된 모델을 따라 실제로 피드백을 한다. 이것이 ④ '실제로 행동을 일으킨다'에 해당한다.

아저씨가 젊은이의 '남에게 보인다는 의식이 강하다'는 특징을 채택한다면 어떻게 될까? 타인에게 보인다는 의식에서 패션, 동작, 발언 등 모든 것이 젊어지고 나이 어린 사람의 마음을 이해하는 아저씨로 사람들의 호감을 얻을 것이다.

자신과 타인의 관계를 파악하고 그것을 바꿔나가는 노력을 통해 '나는 이래야만 해' '이것도 안 돼, 저것도 안 돼'하는 고정관념을 버릴 기회가 생길 것이다. 그때까지 자신과는 인연이 없었던 장르에 도전하게 되면서 지금까지의 고리타분한 자신을 바꿀 수 있는 가능성이 넓어진다.

이러한 구조주의의 방법은 실제로 기업의 마케팅 현장에서도 많이 채택되고 있다. '이 상품은 좋은 거니까 반드시 팔린다'는 주관적인 생각은 더 이상 통용되지 않는다. 정말 좋은 상품인데도 팔리지 않는 경우는 실제로 얼마든지 있다.

기업의 마케팅 부문은 제작자 측의 주관과 착각을 배제하고 막대한 자료를 수집해 객관적인 분석을 행함으로써 히트상품을 만들어내기 위한 광고 방법을 연구하고 있다. 그들은 소비자 전체를 하나의 시스템으로 보고 거기에 숨겨진 무의식적인 관계성을 추출해내는 것이다.

이처럼 구조주의는 우리의 일상생활에 이미 충분히 배어들고 있는 친근한 방법론이다. 이제 최첨단의 현대 사상에도 조금은 친근감이 생겼으리라 믿는다.

# 17

# 마르크스 · 알튀세르
## Marx · Althusser

사회철학과 마르크스주의

노동하는 삶을 위하여

# 일하는 건 왜 이리 괴로운가
## 노동의 참모습

마르크스는 노동을 인간의 본성으로 봤다. 그는 사회에서 벗어날 수 없는 인간이라는 존재는 노동이라는 행위에서도 자유롭기 힘들다고 말한다. 생존과 번식을 위한 동물의 행동과 인간의 활동은 전혀 다른 것이라고 지적하며, 노동은 오로지 인간에게서만 볼 수 있는 형태라고 설명한다.

요즘 젊은 직장인은 일이란 돈 때문에 싫어도 하는 것이며, 업무가 끝난 저녁시간이 되고 나서야 비로소 자신의 모습으로 돌아온다고 생각한다. 그들에게 일이란 가능하면 피하고 싶은 것이며 돈을 받기 위한 고통 이외에는 아무런 의미가 없다고 생각한다.

어째서 일을 하는 게 그토록 고통일까? 이것은 참으로 이상한 일이다. 취미로 배스 낚시를 하는 것과 어부가 물고기를 잡는 일은

하룻밤에 읽는 서양철학

본질적으로는 같은 종류의 노동 행위지만 전자보다 후자가 훨씬 더 괴롭다. 또 노래방에서 노래하는 것과 연예인이 직업적으로 노래하는 것은 노래한다는 측면에서는 같은 종류의 행위지만, 역시 후자가 전자와는 비교할 수 없을 정도의 피로를 동반한다.

이처럼 하고 있는 일은 똑같지만 여러 가지 규칙에 따라 자유롭지 않은 상태에서 그 일을 하면 좋아하던 감정도 고통으로 변한다. 거꾸로 일을 자신에게 정말로 재미있는 것으로 바꿀 수 있다면 노동은 조금도 괴롭지 않을 것이다. 다시 말해 노동 자체를 반드시 고통이라고만 말할 수는 없다. 사실 노동은 헤겔의 변증법의 유형을 따르고 있다. 그게 어떤 의미일까?

인간은 자신의 모습을 알기 위해 자신의 내면에 있는 것을 자신 이외의 것에 비유해 표현한다. 빗대어 표현함으로써 자신이 어떤 사람인가를 확인할 수 있다. 예를 들면 화가는 캔버스에 그림을 그린다. 그림은 내면에 있는 이미지를 내적인 마음의 목소리를 따라 외면화한 것이다. 화가가 그림을 그리는 것과 마찬가지로 사람은 내면에 있는 것을 일단 자신으로부터 떼어놓고(소외), 객관화하고, 표현된 것을 바라본다. 이처럼 자기를 확인하는 방식을 통해 인간은 성장해간다. 이것은 앞에 살펴본 변증법 유형이다. 다시 말해 인간이 살아가는 것 자체가 변증법이다.

자기 방의 실내 장식을 바꾸는 것이나 일기를 쓰는 것, 그리고 꽃에 물을 주는 것도 모두 변증법에 의한 행위이며 또한 노동이다.

모두가 즐거운 일이다. 이런 일들을 하고 임금을 받는다면 그것은 우리가 노동이라 부르는 일로 변화된다.

이처럼 노동이란 본래 자신을 표현하는 즐거운 자기실현의 수단이지 괴로운 것은 아니다. 마음을 설레게 하는, 이것이 바로 노동의 참모습이다. 그런데 우리는 왜 노동은 괴로운 것, 가능하면 피하고 싶은 것으로 치부하는 걸까?

# 모든 노동은 자기실현이다
## 노동의 소외

이미 있는 사상事象이 그것이 놓여 있는 관계를 떠나 그 물건에 원래 있었던 것처럼 의식되는 것을 물신화物神化라고 한다. 물신화의 작용에 의하면 인간관계는 물건에 내재적인 성질에서 파생된 것이라고 생각해버린다. 관계가 물건처럼 간주되는 것이다.

마르크스는 노동을 인간에 의한 물질적 생산 행위라고 인식했다. 자본주의 사회에서 생산물은 상품이 되고 노동력까지 상품화된다. 노동자는 자신의 노동을 팔아 생활하고 있다.

노동자가 만들어낸 생산물은 노동자의 손을 떠나면 자본가의 소유물이 된다. 그러면 지금까지 자신이 손수 만들어왔던 것도 왠지 서먹하게 바뀌어버린다. 그래서 노동자는 생각한다. '자신이 만든 것이 자신의 것이 되지 않는다면, 무엇을 위해 일한단 말인가, 자신은 하나의 부품에 불과하지 않은가'라고. 이렇게 노동자는 자신의 노동에서 기쁨을 찾지 못하게 되고 일할 의욕 또한 점차 희박해진다. 예를 들어 자신이 구두를 만들고자 생각했다고 하자. 노동이란 본래 자신이 내면에 갖고 있던 이미지를 마음속으로 기대하며 자신의 외부로 드러내는 자기표현 행위였다. 그리고 노동은 그 결과로 생긴 구두를 보며 만족하고 나아가서는 그 구두를 신는 사람이 기뻐함으로써 자신도 역시 기쁨을 실감한다는, 자기실현 행위이기도 했다.

그런데 현실을 사는 우리의 노동은 어떤가? 노동에 보람을 느끼는 것 자체가 어려워지고 있다. 마르크스는 이러한 현상이 생기는 원인을 '분업'에서 찾았다. 포이어바흐Feuerbach는 '인간은 물질의 생산과 교환을 통해 서로를 도우며 살아가는 유적類的 존재'라고 주장했지만 '분업'에 의해 노동은 개성을 잃은 채 추상적이 되고, 그 결과 인간관계 역시 희박해진다.

구두를 만드는 과정을 떠올려보자. 설비는 대량 생산방식으로 자동화되고 자신은 구두 디자인 담당은커녕 분업화된 단순 작업으로 인해 생산 라인 어디쯤에 있는지도 제대로 모른다. 그래서 설사 자신이 만든 구두가 매장에 놓여 있어도 생소한 물건처럼 느껴진다.

이런 상태로는 일할 기력이 솟지 않는다. 인간이란 앞에서도 살펴보았듯이 자기표현과 자기실현을 원동력으로 노동에 힘을 쏟는다. 그렇기 때문에 자신의 개성이 사라지고 익명의 존재로 생산에

하룻밤에 읽는 서양철학

종사하지 않을 수 없는 상황에서는 보람을 느낄 수 없다.

우리가 일할 기력을 상실하는 순간은 생산물이 서먹하게 자신의 손을 떠나갈(소외가 생기는) 때다. 생산물에 소외된다는 것은 노동에서 소외되는 것이다. 이것은 노동을 통해 자기실현을 지향하는, 인간 본래의 모습은 아니다.

나아가 마르크스는 자본주의에서는 인간과 인간의 관계보다 물건과 물건의 관계가 중시된다고 생각했다. 상품으로서의 물건은 돈과 교환할 수 있는 것에서 탄생하는 가치를 가진 것으로 숭배된다(물신화). 이렇게 되면 인간은 상품 자체에 보편적인 가치가 있다고 착각해버린다(실제로 상품은 돈이나 다른 상품과 교환할 수 있는 것에 한해서 가치가 있을 뿐이다). 마르크스는 상품이 지니는 이러한 성질을 '물신적 성격(페티시즘적 성격)'이라 불렀다.

인간이 소외되고 물건이 우위가 되는 사회에서 우리는 어떻게 스스로를 되찾아야 할까?

# 역사에는 법칙이 있다

사적유물론

헤겔은 인간에게는 타인으로 하여금 자신을 허하도록 만들고 싶은 욕구가 있으며, 그리고 그 욕구는 자유의 실현으로 이어진다고 주장했다. 승인은 노동으로 만들어진 생산물을 서로 인정하는 데서 비롯된다고 한다. 경제 활동엔 승패가 있다. 승자는 패자를 사역하지만 패자는 노동이라는 경험을 축적해 기능과 숙련이라는 재산을 획득한다. 이윽고 패자는 기능면에서 인정받아 승자가 되고 게으름을 피우던 승자는 패자가 된다는 변증법적 역전이 발생한다.

식구가 다섯 명인 가족이 피자 한 판을 주문했다고 하자. 이때 아이들이 빨리 먹기 내기를 해봐야 각자의 몫은 한 조각 혹은 두 조각 정도 차이밖에 나지 않는다. 원래의 피자 양에 한계가 있기 때문이다. 그런데 만약 피자가 세 판이라면 어떨까? 부모는 제외하고 나머지 아이들 각자에게 돌아가는 피자의 양에 큰 차이가 날 수 있다. 차지한 피자의 몫이 적은 아이는 불만을 갖고, 경우에 따라서는

하룻밤에 읽는 서양철학

형제끼리 싸움이 일어날지도 모른다. 마르크스는 역사 역시 이와 비슷한 과정을 거쳐 발전해간다고 주장했다.

원시시대 사람들은 수렵·채집 경제 체제에서 평등을 유지하며 살았다. 왜냐하면 당시는 멧돼지 한 마리를 잡아도 냉장고가 없어 보존을 할 수가 없었으므로 그 자리에서 평등하게 고기를 나누었기 때문이다. 그러나 곡물 재배나 목축 등이 시작되면서 수확량의 격차가 발생했고, 그에 따라 사람들 사이에도 빈부의 차이가 생겼다. 역사적으로는 이 단계가 계급의 발생에 해당하며 고대의 기점이라고 본다. 생산성이 증가하면 할수록 빈부의 차이는 벌어지고, 점점 피자 쟁탈전 같은 경쟁의 단계로 발달한다.

사회의 물질적 생산 능력들이 발전하다 보면 일정한 단계에 있는 생산 관계 및 재산소유권 관계와 모순을 일으킨다. 다시 말해 생산성이 증가하면 빈부의 차이가 크게 벌어지기 때문에 어느 정도의 단계에 도달하면 혹사 당하는 측은 분노를 터뜨리게 된다. 이를 계급투쟁이라고 한다.

마르크스는 사람들이 생활에 필요한 물자를 사회적으로 생산함으로써 생산관계에 참여한다고 생각했다. 그리고 그것이 사회 전체의 존재 방식인 토대가 되고 그 위의 계층에는 법률 제도나 이데올로기가 상부구조로서 성립한다고 생각했다. 즉 먼저 경제적 토대가 있어야 비로소 그에 맞는 정치·법률·문화가 성립하는 것이라고 생각했다.

그런데 여기에서는 생산력과 생산관계의 모순을 계기로 한, 사회 구성체의 변증법적 발전을 볼 수 있다고 마르크스는 설명했다. 생산력은 항상 변화하고 발전하는 것임에도 불구하고 생산관계, 다시 말해 부리는 측과 혹사 당하는 측의 관계는 고정적이어서 좀처럼 변하지 않는다.

여기서 사회 변혁 시대가 시작된다. 경제적 기초가 변혁을 시작하면 그에 수반해 상부구조 전체가 변혁을 일으키는 것으로 이어진다. 역사적으로는 프랑스 혁명 등의 대변혁으로 나타난다.

이러한 역사관은 유물사관, 또는 사적유물론이라고 하며 과학적인 역사관으로 간주되었다. 과학에서 만유인력의 법칙에 따라 물체가 낙하한다고 생각하듯, 역사 역시 이 유물사관의 법칙에 따라 필연적인 움직임을 갖는, 다른 말로 하자면 역사의 전개방식이 정해져 있다는 것으로 봤다. 어떻게 결정되는가 하면, 그것은 원시공산제 → 고대노예제 → 봉건제 → 자본주의제 → 사회주의제라는 5단계를 취한다.

이 역사관에 의하면 인간이 노동 소외에서 해방되는 것은 자본주의가 변증법적으로 파괴된 후의 사회주의 단계다. 이 단계에는 자본가가 없기 때문에 노동자는 착취 당하는 일 없이 활기차게 일할 수 있고 게다가 일에 따라 충분한 보수를 받는 이상적인 상태가 출현할 것이라고 생각했다(나아가 그보다 발전된 단계로 공산주의도 상정되었다).

사회주의 체제에서 멈춘 소련의 붕괴를 보면 알 수 있듯이 마르크스의 사상은 이론대로 실현되지 못했다. 그러나 사회가 필요로

하는 생활 물자의 생산양식이라는 측면에서 역사를 과학적으로 파악하는 관점을 보여주었다는 것만으로도 마르크스의 공적은 컸다고 할 수 있다.

# 혼자 힘으로는 이루지 못하는 일
### 인식론적 절단

인식론적 절단은 알튀세르가 과학철학자인 바슐라르Bachelard로부터 채용한 말이다. 알튀세르에 의하면 청년 마르크스는 소외론에 가까운 문제 구성을 취하고 있었지만 《독일 이데올로기》 이후는 그것을 방기했다고 한다. 사회가 관계의 총체라는 관점에서 생산력과 생산관계, 하부구조와 상부구조 등의 과학적 개념이 출현했다고 한다.

알튀세르에 의하면 상부구조는 하부구조의 단순한 반영(경제결정론)이 아니라 상대적으로 독립한 구조(중층적 결정重層的 決定)다. 개인이라는 존재도 가족의 이데올로기 장치에 지지를 받음으로써 복합적인 구조를 갖고 있다. 이때부터 역사의 주체나 목적은 존재하지 않는다는 입장에서 해방되어 새로운 해석이 제시되었다.

하룻밤에 읽는 서양철학

마르크스가 사망한 후 그의 사상을 열렬히 지지했던 사람들은 마르크스주의라는 조류를 만들어냈다. 그러나 시대가 지나면서 마르크스주의는 교조화되고 마르크스가 주장했던 내용을 확대 해석하거나 오해하는 일이 늘어나기 시작했다. 이러한 상황을 타파하고자 서유럽의 지식인들은 마르크스주의의 새로운 가능성을 탐구했다. 그들 중 한 명인 프랑스의 철학자 알튀세르는 구조주의적인 방법을 통해 마르크스를 재해석해 현대판 마르크스주의를 확립했다.

알튀세르에 의하면 초기의 마르크스는 헤겔이나 포이어바흐의 사상을 토대로 치열하게 다퉜다고 한다. 그러나 1845년 이후의 마르크스는 젊은 날의 마르크스와는 결별한다. 알튀세르는 여기까지의 시기와 그 이후의 시기에 대한 단절을 인식론적 절단이라고 표현했다. 이 단절을 거쳐 마르크스는 1876년에 유명한 《자본론》을 완성했다. 알튀세르는 이때 새로운 마르크스, 진짜 마르크스가 탄생했다고 말한다.

이어서 알튀세르는 정신분석에서 채택한 중층적 결정이라는 개념을 인용하여 그때까지의 마르크스주의에 반성을 촉구한다. 즉 하나의 사건은 단일한 모순(원인)에서 생기는 것이 아니라 복수의 이질적인 모순(원인)에서 결정된다. 경제가 역사의 흐름을 결정하는 것은 사실이지만 그것은 최종심급最終審級이고, 정치나 문화 등의 상부구조에도 자율적인 시스템이 있어 그 자체 에너지에 의해 역사를 추동해나가는 측면이 있다. 이는 무의식에 있는 복잡한 리비도가 분출해 의식의 행동을 결정하는 것과 비슷하다는 것이다. 이렇게 알튀세르는 역사를 움직이는 것은 계급투쟁이나 사회혁명이 아니고 사회의 깊은 내면에 감추어져 있는 구조라고 갈파했다.

종래에는 마르크스주의를 신봉하는 사람들이 사회운동을 일으키고 사회 변혁을 추진해간다고 여겼다. 그러나 알튀세르는 그러한 휴머니즘적인 측면을 단호하게 끊어버리고 역사를 구조주의적으로 재인식했다. 그리고 이를 통해 마르크스 철학의 현대적 의의를 제시했다. 이렇게 그는 마르크스 철학을 구조적이고 과학적인 이론으로 재구축한 것이다.

우리는 사회가 인간이라는 주체의 총체에 의해 움직인다고 생각하려 한다. 하지만 실제로는 개인의 의사를 초월한 구조가 지닌 힘을 무시할 수는 없다. 전쟁은 절대로 피해야 한다고 개인의 생각과는 전혀 관계없이 일어나고 있다. 거기에는 주체의 힘이 미치지 않는 구조가 엄연히 존재하는 것이다.

학교나 직장에서도 조직 전체가 자신이 생각하는 것과 다른 방향으로 나아간다고 느끼는 경우가 자주 있다. 그런 경우를 보더라도 조직에는 개인의 힘으로는 제어할 수 없는, 보이지 않는 힘이 작용하고 있다. 그럴 때 당신은 어떤 태도를 취해야 할까? 어설픈 영웅주의에 빠져 혁명을 일으키려는 생각은 하지 않는 것이 좋다. 구조 자체를 바꾸려고 노력하는 것, 즉 그야말로 '구조개혁'이 필요한 시점이다.

하룻밤에 읽는 서양철학

# 18

# 데리다 · 들뢰즈
## Derrida · Deleuze

### 후기구조주의

## 해체가 주는 해방감

# 영문을 모르는 것이 도움이 된다

후기구조주의는 1960년대 후반 구조주의를 비판적으로 계승한 사상으로, 프랑스의 철학자들이 주를 이뤘다. 실재와 상상, 관념에서 벗어나 언어의 구조로 세상을 수용하려는 그들의 주장은 미국에서는 1980년대부터 문학평론 분야에서 발전을 보였다.

이치를 따지려 드는 사람은 미움을 받는다. 하지만 '따지자고 대드는 사람은 미움을 받는다'라는 말 자체가 이미 이치를 따지는 행동이다. 말을 이용해 말을 따진다, 또는 이성을 이용해 이성을 비판한다…… 이것은 자신이 갖고 있는 낚싯대로 자신의 몸을 낚아 올리겠다는 것만큼이나 이치에 맞지 않다고 주장하는 철학이 있다. 지금부터 소개하는 후기구조주의다.

하룻밤에 읽는 서양철학

이 철학은 오늘날 철학의 주류이지만 '무슨 말을 하고 싶은 건지 도무지 알 수 없는 철학'으로 악명을 떨치고 있다. 하지만 이것을 조금만 알면 이상하게도 기운이 난다. 얼핏 생각하기에 가장 쓸모없을 것 같은 이 철학이 일상에서 일어나는 여러 일들에 가장 잘 맞아떨어진다. 어떤 효능이 있는 건지 지금부터 훑어보겠다.

① 남에게 비난을 받거나 자신을 부정당해도 크게 화가 나지 않는다.
② 내 생각을 타인이 알아줬음 좋겠다는 긴장이 어느덧 풀어지고 어깨에서 힘이 빠진다.
③ 가치관의 차이로 불같이 화를 내며 언쟁하는 사람들이 안쓰럽게 보인다.
④ 열등감이 사라지기 때문에 심신 건강에 좋다.
⑤ 보이는 것 모두가 철학이 되고 또한 다른 사람과 순수하게 마주 앉아 이야기할 수 있다.

이러한 상쾌함을 맛볼 수 있는 철학은 니체를 제외하면 지금으로서는 데리다와 들뢰즈의 철학뿐이다. 여기서는 두 사람의 주장을 유례가 없을 정도로 간단하게 요약해보겠다. 오리지널과는 약간의 차이가 나겠지만 후기구조주의적 해석으로서 관대하게 봐주기 바란다. 우선 데리다부터 시작하자.

# 애드리브보다 대본이 더 낫다

에크리튀르

데리다는 지금까지의 철학이 파롤parole, 즉 대화언어를 우위로 놓고 문자언어인 에크리튀르를 열등한 위치에 두었다고 설명하며 에크리튀르의 우위를 주장한다. 에크리튀르는 외적 공간에 버려져 그것을 기록한 주체의 부재를 부각시키며, 또한 주체의 근원성을 위험에 노출시킨다. 파롤은 타인 앞에서 완전히 제 모습을 드러내지 않는데, 이는 단순히 혼잣말이기 때문이다. 데리다는 서구의 파롤 우선주의가 형이상학을 낳았다고 생각했다.

데리다에 의하면 소크라테스(혹은 그 이전)부터 헤겔에 이르기까지의 철학은 항상 이성, 즉 로고스 중심주의였다. 로고스 중심주의란 '대화언어의 형이상학'이다. 이해하기 어려운 개념이지만 이렇게 생각해보면 쉬울 것이다.

자신이 '이 햄버거는 맛있어' 하고 발언하는 것과 언제 누가 쓴 건지 모르는 '이 햄버거가 맛있다'는 쪽지 가운데 어느 쪽이 더 진

하룻밤에 읽는 서양철학

실에 가까운 느낌이 들까? 물론 지금 '맛있어'라고 발언하는 쪽이다. '맛있다'라는 내면적 진실이 있고 그것을 전하는 보조적인 역할로서 쓰인 문자가 있다고 생각하는 것이 보통이다.

철학의 세계에서도 진실은 파롤, 즉 대화언어는 자신의 내면에 있고 기록은 전달수단이며 적혀 있는 글자 자체는 2차적인 가치밖에 갖고 있지 않다고 여겼다. 또한 책에 쓰여 있는 것을 따라 그 저자가 하고 싶었던 말(내면적 진실)을 어떻게든 정확하게 재현하려는, 그러한 노력은 지금까지 당연하게 이루어져 왔다.

그러나 정말로 '햄버거가 맛있어'라는 진실이 있을까? 데리다는 순수한 그 경험 역시 말에 의해 침식당하고 있다(영향을 받고 있다)고 이야기한다. 실제로 언어의 영향을 전혀 받지 않는 순수하게 '맛있다'는 체험은 있을 수 없다.

예를 들면 그저 말없이 집중적으로 뭔가를 먹는 것과 '달콤하고 약간 새콤하기도 하고 향기와 개운한 느낌이 절묘하게 어우러지면서…' 등으로 이런저런 감상을 하면서 먹는 것은 그 말에 의해 '맛있음' 자체의 질이 달라진다.

그렇게 되면 순수한 내면적인 체험(이데아든 신이든)은 반드시 그렇다고 할 수는 없는 것이 되고(말에 침식당하고 있으므로) 내부와 외부의 구별이 소실된다.

이 구별이 없다는 것을 밝히는 것이 문자언어, 에크리튀르다. 서기언어書記言語는 외부의 종이에 써넣는 것일 뿐 아니라 마음 내면에도 이미 써넣어져 있다(참고로 《문자학에 대하여》에서는 유전자 정보의 기록까지를 포함하고 있다).

　결론은 이렇다. 지금까지는 대화언어, 그리고 그로 인해 자기 내면의 진짜 모습을 확인하는 것이야말로 중요하며 에크리튀르는 보잘 것 없는 존재였다. 하지만 사실은 에크리튀르가 어떤 언어들보다 더 중요하고 가치 있다는 것이다.

# 세계에 대해 나는 끝없이 열려 있다

차연과 탈구축

---

차연差延(시차성)은 데리다의 '에크리튀르'란 펜으로 쓰인 언어를 포함하여 프로이트의 심적 에너지가 우회하면서 의식에 떠오르는, 시간적인 어긋남이 생기는 흔적 전반을 의미한다. 이것은 '차연'의 작용에 의해 반복 가능성을 가지면서 타인에 대해 열린다. '라면이 맛있어'라는 말은 그 자체로 '맛있는'을 의미하는 것은 아니다. 에크리튀르가 지니는 반복 가능성의 힘에 의해 '라면이 맛있어'에 의미가 부여되는 것이다.

예를 들기 민망하긴 하지만, 예를 들자면 이 책에 쓰여 있는 문자는 내가 죽더라도 계속 존재할 것이다. 이 책의 독자 입장에서 보는 '나'란 어디까지나 책의 내용을 완성시킨 필자로서의 '나'일 뿐, 자신의 방에서 끙끙거리면서 원고를 쓰고 있는 '나'는 아니다. 다시 말해 책을 쓰는 '나'라는 존재는 실재하는 '나'라는 고정적인 존재가 아니라 문자언어(에크리튀르)를 통해 증폭된, 시간적인 차이(원고

지와 씨름하고 있을 때의 '나'와 완성된 책의 필자로서의 '나'와의 사이에는 차이가 있다)를 살아가는 '나'다.

'지금 여기'의 시간적, 공간적 제약에서 떠나 확산되어 가는 에크리튀르를 내포하는 사물의 존재방식을 두고 데리다는 '다르다'와 '연기한다'라는 의미를 가진 동사 differer을 이용하여 차연differance이라는 이름을 붙였다. '차연'으로서의 나는 '지금 여기'의 구속에서 해방됨으로써 무거운 자의식이나 이기적인 사고로부터도 해방된다.

연인으로부터 '오늘은 미안했어'라는 연락이 왔다고 생각해보자. 자신으로서는 그가 어느 정도의 깊이로 사과를 하고 있는지 이치상으로 도저히 알 수가 없다. 하지만 이 에크리튀르에서는 읽어낼 수 있는 뭔가가 있다. 바로 그렇기 때문에 자신도 역시 '아니, 나야말로 미안해'라고 답장을 보내는 것이다. 타인과 자신과의 열린 교류가 있음을 보여준다.

반대로 '나에 대해 전혀 알지 못하고 있어' '너야말로 모르는 거 아냐' 등으로 볼멘소리를 주고받는 것은 서로가 진실을 쥐고 있는 건 자기뿐이며 상대가 하는 말은 전부 거짓말이라는, 자기 중심의 사고방식에 침해당하고 있기 때문이다. 거기에는 열린 교류가 없고 서로에게 혼잣말을 퍼붓고 있을 뿐이다. 상대를 존중하지 않는 태도야말로 데리다가 비판한 형이상학, 로고스 중심주의다. 데리다의 입장에 선다면 우리는 '차연시차성'의 작용을 통해 상대를 향해 자신을 열고 상대를 존중할 수 있는 것이라는 의미가 된다.

데리다는 에크리튀르라는 개념에 의거하면서 서양 철학의 모든 것을 철저하게 비판하고 해체하며 구축하는 작업법을 보여주었다. 이러한 데리다의 일련의 방법을 탈구축<sup>脫構築</sup>이라고 부른다. 플라톤이나 헤겔의 저작을 읽고 그들이 말하고 싶었던 진실이란 무엇이었는지 등을 생각하는 것은 의미가 없다. 읽는다는 행위는 애당초 해석에 지나지 않는다. 플라톤을 읽는다고 해서 플라톤이 될 수는 없으며, 단지 플라톤에 대해 이야기하는 것밖에는 할 수 없다. 여기서는 쓰인 것으로부터 본인의 진정한 생각을 재현할 수 있다고 생각하는 것은 일종의 모순이었음을 알 수 있다.

쓰인 텍스트는 그 자체로 완결된 것이 아니다. 그것은 '지금 여기'에 살고 있는 우리에 대해 열려 있는 것이다. 그러므로 우리는 과거의 철학자들의 텍스트에 '차연'적으로 많은 의미를 부여하며 읽어도 무방하다. 오히려 그것이 바로 텍스트를 실천적으로 읽는 행위일 것이다. 이처럼 탈구축이란 단순한 부정이나 파괴가 아니라, 대상의 내면에 머무르면서 대상을 그 내부부터 스스로 파괴시키고 거기에 새로운 질서를 구축하는 전략이다.

이 작업은 얼핏 생각하기에 우리와 인연이 먼 것 같지만 사실 그렇지가 않다. 탈구축은 원리나 진리를 언어로 정리할 수 있다는 도식을 파괴하고 우리 내면에 각인된 에크리튀르와 외부에 쓰인 에크리튀르의 경계선, 즉 자신과 타인과의 벽을 허물고 세상을 향해 자신을 여는 계기를 부여해준다.

# 당신의 차이가 차별을 만든다

푸코Foucault, 라캉Lacan과 함께 대표적인 프랑스 철학자로 손꼽히는 들뢰즈는 '차이différence'를 통해 자신의 주장을 설파했다. 절대적 차이가 아닌 사람마다 다르게 느낀 상대적 차이에 집중해 한 대상이 가지는 특이점은 다른 대상이 없이는 발견할 수 없다고 주장했다.

이번에 설명할 철학자는 들뢰즈다. 이 사람은 데리다 이상으로 이해하기 어려운 철학을 주장한 인물이라는 인상이 강하다. 그러나 그의 철학은 사실 인생에 대해 구체적인 지침을 주는, 매우 실천적인 인물이다.

들뢰즈도 데리다와 마찬가지로 서양 철학의 이성중심주의를 비판한다. 서양 철학은 그리스 이후로 자기동일적인 존재(이데아, 신,

이성, 진리 등)를 강조해왔다. 들뢰즈는 자기동일성은 배제의 논리로 서 기능하는 것이며 이것은 이성의 폭력이라고 설명한다.

절대적인 참(실재)인 이데아는 누구에게도 의존하지 않고 그 자 체로 존재한다는 성질을 갖는 원형으로서 특권화되어 있다. 한편 감각이 인식할 수 있는 사물은 그 동일성, 즉 원형으로부터의 복제 다. 이에 더해 그 복제는 얼마나 이데아에 가까운가에 의해 우열이 매겨진다. 이 사고방식에 따른다면 이데아와 비슷하면 좋은 것, 이 데아로부터 차이가 큰 것은 열등한 것, 나쁜 것으로 간주된다.

애당초 차별의식이란 이러한 이데아적 발상에서 탄생한 것은 아 닐까? 인종차별Racism, 성차별Sexism, 연령차별Ageism, 집단 따돌림 등 의 가장 밑바닥에는 서로 차이와 다양성이라는 것을 인정하지 않 는 태도와 본래 있지도 않은 실체를 절대시하는 왜곡된 사고법이 있다.

일상생활에서 자신이 뭔가를 주장하고 싶을 때, 그 주장의 근거 가 어딘가에 확고하게 자리를 잡고 있다는 생각이 들었다면 일단 주의해야 한다. '하나로 단결해 열심히'라든가 '시작했으면 끝까지 하라' 등 얼핏 듣기에는 설득력이 있지만 아무래도 미심쩍은 주장 에는 자칫 잘못하면 폭력으로 전환할 위험성이 잠재해 있다. 니체 를 따라 왜 그런 주장이 튀어나오는가를 반성해보면 될 것이다. 그 것은 '힘에의 의지'가 왜곡된 결과다.

# 채워지지 않는 욕망 안에서

자본주의와 분열증

《앙티 오이디푸스》에서는 인간의 신체 수준에서 여러 기관은 상호 연결된 욕망을 갖는 기계, 즉 '욕망하는 기계'로 간주하며 그 아래로는 부동의 '기관 없는 몸'이 위치한다. 이 책은 마르크스 주장의 유추를 이용하여 자본은 하나의 '기관 없는 신체'이며 이것과 사회성과의 연속성을 본다. 이러한 관점에서 들뢰즈와 공저자 가타리는 마르크스 경제학의 생산 시스템 5단계를 '원시적 토지기계' '전제군주기계' '자본주의기계' 등 3단계로 재편성했다.

들뢰즈와 가타리Guattari가 함께 쓴 책《앙티 오이디푸스》에 의하면 무의식의 욕망은 목적을 갖지 않고 반복해 활동하며, 인간의 신체는 '욕망하는 기계'다. 이는 지향의 느낌이 아니라, 분열의 과정에 더 가깝다. 이 견해는 니체의 '힘에의 의지'가 발전된 형태라고 할 수 있을 것이다. 나아가 그들은 그 욕망을 만들어내는 장치가 자본주의라는 사회체제라고 지적한다.

우리의 경제를 구성하는 자본·화폐·상품·노동은 정치적, 법적, 문화적인 모든 요인을 포함하며 모든 것이 욕망과 연결되어 있다. 화폐는 그 욕망을 교환·순환시키는 장치다.

자본주의는 욕망이 사상으로 구현된 것이다. 그 혜택을 받고 있는 우리는 그 점을 절감하고 있다. 보고 싶은, 먹고 싶은, 채우고 싶은 다양한 욕망의 수요에 응할 수 있는 시스템이 형성된다. 예컨대 편의점은 온갖 욕망을 한꺼번에 보여주는 견본 시장이다.

그런데 이 자본주의는 욕망의 흐름을 조정하면서 고통을 배제하는 시스템을 지향하고 있지만 현실적으로는 제대로 기능하지 않는다. 욕망을 채우기 위한 기능은 억압이 될 수 있다. 왜냐하면 우리는 욕망을 달성하기 위해서는 욕망을 실현시킬 순간을 미룬 채 그 자체는 욕망의 대상이 아닌, 괴롭고 긴 노동을 감내해야 하기 때문이다.

자본주의에서 노동은 욕망을 실현하기 위한 수단에 지나지 않는다. 자본주의는 욕망을 자극하고 다양화하는 한편 욕망의 실현을 연기하고 배제함으로써 사람들을 노동으로 내몰아간다.

텔레비전이나 잡지를 보면 이것을 갖고 싶다, 저것을 갖고 싶다 등으로 온갖 욕망에 대한 자극을 받는다. 그 때문에 항상 지갑은 빈 털터리, 그리고 카드 연체. 그래서 다시 일을 하지 않을 수 없게 되지만 노동을 감내하는 일상생활 안에서 욕망은 다시 자극을 받는다. 그렇게 또 다시 빚, 그리고 또 노동……. 과연 우리는 이처럼 끝없는 욕망의 소용돌이 안에서 어떻게 살아가야 하는 걸까?

# 머리가 이상해지지 않는 법

노마드, 유목하는 자

리좀rhizome이란 뿌리처럼 옆으로 뻗어나가는 땅속줄기를 말한다. 트리(나무)에 대립하는 개념으로, 트리는 중심에 하나의 둥치를 갖고 질서, 대칭적인 규칙, 분지分枝의 규칙을 유지하는 것에 비해 리좀에는 전체를 통합하는 중심도, 계층도, 대립과 대칭도 없다. 오로지 비약, 일탈, 횡단의 연쇄가 있을 뿐이다. 이것은 무작위가 아니라 다양한 질서가 있음을 뜻한다.

이 '욕망하는 기계'라는 관점에서 들뢰즈와 가타리는 현대 자본주의 사회를 분석하여 '파라노Parrano'에 대해 상대적인 존재로 '스키조Schizo'를 대치한다.

파라노는 파라노이아paranoia를 줄인 말이다. 원래 의학 용어로 망상이 주된 증상인 정신질환을 가리키는데, 철학 용어로는 동일성을 고집하는 경향을 가진 인간을 말한다. 망상은 당사자 안에서는 초지일관 웅대한 체계로 형성되어 있다. 이것을 사회에 적응시키고 확대시켰을 경우, 질서가 되고 사회 전체의 규범이 된다. 파라노이 아의 욕망이 실현되고 있는 상태는 파시즘Fascism, 전체주의다.

한편 스키조란 스키조프레니아schizophrenia에서 차용된 개념으로 동일성을 고집하지 않고 욕망의 다양성을 실현하는 방식을 나타낸 다. 예를 들면 파라노는 샐러리맨, 스키조는 프리랜서 아르바이트 를 지향한다. '오늘 할당량을 달성하도록'과 같은 잔소리를 하는 것 이 파라노라면 투덜대면서 할당량을 달성하지 못한 채 스트레스를 게임기에서 발산하는 것이 스키조다.

결국 우리는 파라노 형이 되든가 아니면 스키조 형이 된다. 다른 말로 하면 이치를 따지면서 살거나 비굴해져서 신경증적으로 살거 나 둘 중에 하나를 선택할 수밖에 없다. 자본주의 사회는 양자를 동 시에 조작하는 시스템이기 때문에 결국 사람은 욕망과 노동 사이 에 끼어 언제나 병든 듯, 아닌 듯한 상태에서 살아간다. 그런데 이 래도 되는 걸까?

그래서 들뢰즈와 가타리는 이렇게 제안한다. 우선 개인은 어떻 게 하면 되느냐 따위로 생각하지 말아보자고. 이래라저래라 하는 것은 스키조나 파라노가 되는 것을 의미한다. 파라노가 되면 이치 를 따지게 되어, 남에게 자신과 똑같은 이념을 강요하려고 한다. 그 리고 스키조가 되면 파라노에 의한 욕망의 강제로부터 피하려는 삐딱한 자세로 인생을 보내는 수밖에 없다. 들뢰즈와 가타리가 말 하는 이상적인 모습은 스키조에 머물면서 파라노는 되지 않는 것이다. 이러한 삶을 그들은 노마드nomad, Euronomad라 불렀다.

파라노는 자칫하면 이분법적인 가치 판단을 강요할 수 있다. 이때 파라노 형이 강요하는 견해에 동조해서는 안 된다. 우리는 노마드가 되어 그들이 강요하는 경직된 분류를 거부하고 그들의 방식과는 다른 방법으로 세계를 분절해 인식해야 한다. 이렇게 해서 그어진 선은 '횡단선橫斷線' 또는 '도주선逃走線'이라고 한다.

그리고 《천의 고원》의 서문에서는 리좀이라는 개념도 제기된다. 이것은 땅속 줄기를 비유한 것으로, 불확정적, 비결정적인 상태에 있는 다양한 세계를 표현하고 있다. 리좀이라는 세계에서 둘 중 하나로 내몰리지도 않고 정착하지 않으면서 주거를 바꿔나가는 삶이 노마드다. 노마드는 자기동일적인 것을 끊임없이 해체하고 방기한다. 그들은 닫힌 것, 굳어진 것을 잇달아 파괴하고 '도주'하기 위한 새로운 길을 스스로의 힘으로 개척한다.

'도주'는 사회로부터 벗어나는 것이 아니다. 수많은 욕망들을 하나의 목적으로 모으지 않고 자유롭게 희롱하는 것이다. 그렇게 하면 '다 같이 하나로 뭉쳐서 열심히 하자' 따위의 상황은 일어날 수 없다. 이렇게 생각해보면 노마드적인 '도주'는 어엿한 하나의 '윤리'라고 할 수 있다. 그것은 고정된 생각에 사로잡히지 않는, 그리고 그것을 강요하지 않는 '윤리'다. 좀처럼 실행하기 어려운 '윤리'이기는 하지만.

하룻밤에 읽는 서양철학

# 19

# 제임스 · 듀이 · 로티
## James · Dewey · Rorty

### 실용주의 철학

긍정적으로 생각하면
길은 열린다

# 꿈을 실현시키는 철학이 있다

미국의 현대 철학을 대표하는 실용주의Pragmatism는 프라그마pragma라는 그리스어에서 파생되었다. 앞서 다뤘던 전통 철학의 여러 논제들의 문제점을 논리적으로 밝혀내고 해체하는 것이 목표였다.

프래그머티즘Pragmatism이라는, 미국에서 탄생한 철학이 있다. 실용주의로도 불리는 이 철학은 우리에게는 그다지 널리 알려져 있지 않지만 그 자체로는 감히 측량할 수 없는 힘을 간직하고 있다. 이 사상은 미국 번영의 정신적인 주춧돌로서 지금도 비즈니스 사회에서 활약하며 뜻깊은 인생을 보내는 사람들로부터 강력한 지지를 받고 있다.

왜 그들은 인생을 긍정적으로 살 수 있는가? 왜 그들은 아랑곳하지 않고 거친 파도와 역경을 넘을 수 있는 걸까? 왜 그들은 스스로를 제어해 운명을 개척할 수 있는 걸까? 모든 비밀은 이 프래그머티즘에 있다.

더구나 이 철학은 지금 당장이라도 실행이 가능하다. '비밀의 단어'를 습관화하면 된다. 미국의 비즈니스맨은 역경에 부딪혔을 때 이 '비밀의 단어'를 역경 극복의 원동력으로 삼는다. 그들에게 위기는 기회다. 자기 신상에 좋지 않은 사태가 벌어져도 오히려 반가워한다. 그렇기 때문에 고통 중에도 항상 행복감이 있는 것이다. 프래그머티즘 철학을 아는 사람은 인생의 모든 국면이 스승이고 모든 것이 좋은 방향으로 나아가고 있다는 안도감을 맛볼 수 있다. 프래그머티즘은 자신이 결정한 목표를 자력으로 실현하도록 돕는, 매우 실제적인 효과를 가진 철학이다.

서구의 정상급 비즈니스맨들은 오만에 빠지기 전에 항상 이 생각 앞으로 되돌아와 자기를 반성하며 매일 아침 이 방법을 실천하고 있다고 한다. 절대로 주저앉지 않는다. 포기하지 않는다. 왜냐하면 마지막에는 반드시 순조롭게 끝날 것이므로. 목표는 반드시 달성할 수 있다. 어떻게 이처럼 굳건한 신념을 가질 수 있을까? 그들은 '비밀의 단어'를 알고 있기 때문이다.

이 '비밀의 단어'를 외치면 부정적인 생각은 날아가고 인생이 눈부시게 빛나기 시작한다. 이것을 터득한 사람은 늙음도 질병도 극

복하려는 강한 정신력을 유지할 수 있고 스스로를 고무시키며 타
인을 격려하고 사회 전체를 긍정적인 방향으로 이끈다.

그렇다면 이 '비밀의 단어'는 어떤 것일까?

하룻밤에 읽는 서양철학

# 실천이 만드는 꿈

퍼스의 기초학

기호학의 창시자, 실용주의의 창시자로 불리는 퍼스Peirce는 프래그머티즘이라는 말을 처음으로 만든 사람이다. 칸트의 책에서 자신의 주장에 적합한 구절을 발견해 '실용주의Pragmatism'로 이름 지었다고 한다.

이 주문 효과를 최대한 발휘하려면 막연히 그것을 외치기만 하면 되는 게 아니다. 그 효과를 창출하는 원리를 알아두어야만 한다. 우선 프래그머티즘의 이론 체계를 충분히 숙지하고 나서 실행으로 옮기기를 권한다. 그렇게 하면 이 방법은 반드시 당신의 인생에 최대 이득을 가져다줄 것이다.

미국의 철학자 가운데 퍼스라는 인물이 있다. 우리에게는 생소하지만 사상계에는 엄청난 파장을 불러온, 기호론의 시조라고 불리는 철학자다. 여기서 그의 말을 소개해보겠다.

…… 결국 실제로 진리의 발견에 이르는 첫 번째 단계로 자신은 아직 충분한 인식에 도달해 있지 않다는 점을 인정해야 한다. 자신이 옳다고 착각하는 질병the blight of cocksureness만큼 확실하게 지적 성장을 방해하는 건 없다. 100명의 양식 있는 사람 중 99명이 그런 질병으로 망한다. 더구나 기묘하게도 그들 대부분은 그 질병에 걸려 있다는 사실조차 깨닫지 못하고 있다!

지적 개념의 의미를 결정하기 위해서는 그 개념의 진리에서 어떤 실제적인 귀결이 필연적으로 생긴다고 생각할 수 있을지를 고찰해야만 한다. 그리하여 이들 귀결의 총화가 그 개념의 모든 의미를 구성할 것이다.

－《어떻게 우리의 개념을 명석하게 할까》

'딱딱하다'라는 의미를 물리적으로 설명할 수는 없다. 어느 정도를 '딱딱하다'고 하는지에 대한 객관적이면서도 분명한 기준이 없기 때문이다.

한편 프래그머티즘의 사고법은 실제적인 결과의 총계가 모든 일의 의미라고 생각한다. 다시 말해 '딱딱하다'라는 것은 다른 물건으로 할퀴어도 상처가 나지 않는다는 의미다. '무겁다'라는 것은 받쳐

주지 않으면 낙하한다는 의미와 다름이 없다. 이처럼 개념의 의미 내용을 대상이 초래하는 실제 결과로 생각하고자 하는 원칙을 프래그머티즘의 준칙(실용주의의 격률)이라고 한다.

다른 예를 들어보겠다. 에너지 자체는 볼 수도 만질 수도 없다. 그러나 에너지를 실제적인 결과로 얻기 위해 물리적으로 측정하고 그 효과를 예측할 수는 있다. 우리는 실험을 통해 경험적으로 확인된 결과의 총계를 에너지라 부르고 있을 뿐이다. 하지만 그걸로 충분하다.

이처럼 프래그머티즘은 어떤 일의 본질이나 실체 등, 확인할 수 없는 것 때문에 골머리를 썩이는 수고를 덜어준다. 이처럼 예리하고 군더더기가 없는 미국의 철학은 퍼스 이후 어떤 방향으로 발전했을까?

# 유익한 것이 진실이다

퍼스는 다이아몬드에 칼로 상처를 내려고 해도 상처가 나지 않는다면 그것은 '단단하다'라고 인식하는, 실험적 효과를 중시했다. 한편 제임스는 심리적인 영역의 효과도 중시했다. 퍼스는 자신의 주장으로부터 프래그머티즘이 멀어져 가는 것을 받아들이기 어려워, 자신의 철학을 프래그머티즘이라고 재확인하며 차이를 강조했다.

퍼스는 '사고의 기능은 의심doubt라는 자극에 의해 생기고 신념belief을 얻을 수 있을 때 정지한다. 따라서 신념을 굳히는 것이 사고의 유일한 기능이다'라고 술회했다. 의심이 멎으면 신념이 생긴다고? 그렇다, 이해할 수 있다.

미국의 심리학자이자 철학자인 제임스는 1898년의 캘리포니아 대학 강연에서 퍼스에 의한 프래그머티즘의 준칙을 설명했다. 그러

하룻밤에 읽는 서양철학

나 퍼스와 제임스의 견해 사이에는 미묘한 차이가 있었다.

퍼스는 이 준칙을 대상에 실험을 통해 얻어진 결과에 적용했지만, 제임스의 경우는 개인의 특수한 경험에 대해서도 적용시켰다. 다시 말해 당신의 인생에서 어떤 행동이 실제적 효과를 가졌다면 그것은 타인이 어떻게 생각하든 진실이라는 극단적인 사상을 주장한 것이다.

아침에 일어났을 때 많은 사람이 이렇게 생각할 것이다. '아아, 오늘도 회사에 가야 하나. 가고 싶지 않아.' '오늘 학교 가기 싫어. 쉬고 싶어.' 해야 하는 일에 대한 혐오감, 불안이 생기는 것은 너무나 평범한 일이다. 누구나 그렇다. 제임스는 이 '싫다'라는 심리적인 작용까지 실제적 효과라고 생각했다.

그렇다면 '회사'나 '학교'는 본래 재미있는 곳일까, 지겨운 곳일까? 어느 쪽이라도 상관없다. 즐겁다고 생각할지 즐겁지 않다고 생각할지는 오로지 당신의 신념에 따른다. 다른 사람이 어떻게 생각할지는 관계없다. 당신이 믿고 있는 것 자체가 진실이다. '회사는 지겨운 곳'이라는 당신의 생각은 진리다. 그리고 '학교는 지겨운 곳'이라고 말하는 것도 어김없는 진리다. 당신이 세상의 모습을 창조하고 있다. 만약 그것이 부정적인 발상이라면 당신이라는 신은 스스로 시시한 세상을 창조하고 있다는 의미가 된다.

그렇다면 만약 '회사는 재미있으니까, 오늘도 열심히 해야지' '학교는 재미있으니까, 뭔가 좋은 일이 있을 거야'하고 긍정적인 선언을 하고 그것을 강한 신념으로 가져갈 수 있다면 어떨까? 당신의 생각대로 회사나 학교는 정말로 재미있는 곳이 된다. 아침에 거울을 향해 억지로라도 웃는 얼굴을 만들어보자. 신기하게도 기쁜 감정이 생길 것이다.

# 믿는다는 마음을 얼마나 믿나요
제임스의 '믿는 의지'

제임스는 자신의 철학에서 가장 핵심을 '믿는 의지will to believe'에 두었다. 지극히 개인적이면서도 각자의 인생에 구체적이었던 그의 철학은 종교 문제와 자주 결부되었다.

우리는 '삶의 보람'에 대해 고민한다. 인생은 살 만한 걸까? 제임스는 행복한 상태가 오래 계속되고 있다면, 사람은 '살아갈 의미는 있는 걸까'라든가 '인생은 괴로운 거야' 등의 생각은 하지도 않는다고 말한다. 앞으로는 '인생의 의미'를 형이상학적인 측면이 아니라 실제적 효과라는 관점에서 다시 생각해보아야 한다.

예를 들면 축구 시합에서 팀이 승리할 거라고 확신하고 시합에

임하는 것은 과학적으로는 불합리한 태도다. 그렇다고 팀 전원이 '이 시합의 승패는 과학적으로 검증할 수 없어'라는 마음으로 임한다면 승산은 없다. 이 경우는 과학적인 증거를 얻지 못한 상태라도 반드시 이긴다는 신념을 계속 갖는 것이 중요하다.

제임스는 예를 들어 한참 등산을 하는 도중에 절벽을 만났을 때 살아남을 수 있다고 확신하는 상태로 뛰어내리는 것과 절망한 채 뛰어내리는 것은 완전 다른 결과를 가져온다고 말한다. 가능하다고 생각하면 할 수 있다. 그는 신념의 실현에 대해 체계적으로 이야기한 철학자였다.

이제 여기서 '비밀의 단어'가 무엇인지 밝히겠다. 그것은 'not(그렇지 않다)'이라는 말이다. 이 말은 그 단순함으로는 상상할 수 없지만 사실은 엄청난 힘을 불러일으키는 마법의 언어다. 제임스는 말한다. 우리는 무슨 일이나 비관적으로 생각하는 경향이 있지만, 긴 문장도 'not'이라는 세 글자의 말에 의해 그 의미를 역전시킬 수 있다고. 예를 들면 이런 것이다. "그건 무리"… 가 아니야' "해봐야 소용없는"… 일은 없어' "어차피 안 될 거"… 따위는 없어' "전례가 없으니까"…라는 건 없어' "능력이 없어"…따위는 없어'

이처럼 '비밀의 단어'는 모든 부정적인 사고를 긍정적으로 바꾼다. 그런 다음 '나는 할 수 있어'라고 소리 높여 외쳐보자. 그러면 신기하게도 그것만으로도 세상이 돌변한다.


이렇게 하여 제군에게 알리는 나의 결론은 이렇다. 인생을 두려

하룻밤에 읽는 서양철학

위해서는 안 된다. 인생은 살 가치가 있다고 믿으라. 그럴 때 이 신념이 그 사실을 만들어내는 데 도움이 될 것이다. 그 신념이 옳다는 '과학적 증명'은 최후 심판의 날이 오기 전까지 있을 수 없는 것이다.

-《믿는 의지》

1929년에 시작된 세계 공황 때도 미국의 프랭클린 루즈벨트 대통령이 적극적인 연설을 통해 국민 모두로 하여금 희망을 갖게 했다. 미디어도 긍정적인 메시지를 흘려보내는 노력을 이어갔다. 실패해도 그것은 반성과 개선을 위한 좋은 기회일 뿐, 나중에는 반드시 성공할 것이라는 신념이야말로 미국의 근본정신이다.

그와 달리 최근 한국에서는 나라가 이대로 가면 엉망이 되고 말거라는 소극적인 메시지가 난무하고 있다. 좀 더 밝은 신념을 가질 필요가 있다.

# 지식은 가장 유연한 도구다

듀이의 취사선택

어떤 일을 사실이라고 판단하는 경우를 '사실 판단'이라고 하고, 어떤 사항을 '~이어야만 한다' 혹은 '어떤 가치가 있다'고 하는 경우를 '가치 판단'이라고 한다. 지금까지 '사실 판단'은 과학이, '가치 판단'은 윤리학이나 미학이 각각 다룬다고 여겼지만 듀이는 가치 판단은 사실 판단으로부터 도출된다고 생각했다. 어떤 가치를 결정하려면 사실로서의 정보가 있어야 하기 때문이다. 이 견해는 가치가 먼저 존재한다는 고전 철학의 입장과는 정반대의 입장이었다.

듀이는 퍼스와 제임스, 그리고 생물학자 다윈 등의 영향을 받으면서 독자적인 프래그머티즘 이론을 전개해나갔다. 그는 사고를 의심에서 신념으로 향하는 노력으로 인식하는 퍼스의 입장을 참고로 하여 반성적 사고의 모습을 다섯 단계로 제시했다. 다음에 이어지는 내용을 살펴보자.

하룻밤에 읽는 서양철학

① 의심이 생기는 문제 상황

② 문제의 설정

③ 문제를 해결하기 위한 가설의 제시

④ 추론에 의한 가설의 재구성

⑤ 실험과 관찰에 의한 가설의 검증

사상은 하나의 도구가 되기 때문에, 그 사상을 사용해보고 효과가 있으면 계속 사용하면 되고 만약 문제가 생기면 그것을 버리고 새로운 사상을 받아들이면 된다고 그는 말한다. 머리가 굳은 사람들에게 꼭 들려주고 싶은 이야기다.

듀이에 이르러서는 가치 판단에도 실험적 방법이 적용된다. 어떤 사물이나 행위에 가치가 있다는 판단은 그 사물이나 행위가 가져오는 실제 효과를 통해 판정된다. 거기서는 가치 판단에 의한 결과를 검증해야만 한다.

누군가가 전차 안에서 전화를 걸기 위해 서 있다고 상상하자. 이것은 좋은 일일까, 나쁜 일일까? 휴대전화 자체는 본질적으로 나쁜 게 아니다. 그러나 휴대전화는 소음 공해나 인공심장을 부착한 사람의 건강에 악영향을 준다. 이러한 사실에 대한 정보를 고려하면 원하는 일이 반드시 '가치 있는' 일이라고는 말할 수 없다.

이처럼 '좋다' '나쁘다' 등의 가치 판단은 사실 판단의 축적에 의해 도출되어야만 한다. 다시 말해 가치라는 것은 하늘에서 내려와 주어지는 것이 아니고 구체적인 사실 판단에서 도출되어야 하는 것이다. 나아가 듀이는 교육의 획일성을 비판하고 교육은 어린이들의 성장과 활동에 중점을 두어야 한다고 주장했다.

# 내 삶에 옳은 정의

지성과 사물과의 일치를 목적으로 하는 시각적 도식을 시각적 메타포라고 한다. 로티는 '언어론적 회전' 이후에도 이 기본적 구도에는 변화가 없다고 말했다. 언어가 언어 아닌 실재와 일치한다는 것은 고전적인 도식의 범주에 있다. 로티는 이러한 '대응으로서의 진리'는 뿌리부터 없애버려야 한다고 주장한다. 진리란 어딘가에 최종적인 근거를 갖는 게 아니라 당장의 신념에 의해 지탱되며, 항상 개혁의 가능성을 남기는 일종의 착각이다.


프래그머티즘은 이후에도 다양한 철학자에게 계승된다. 그 가운데 한 사람인 로티는 제임스, 듀이, 콰인Quine 등을 새롭게 재해석하고 철학은 진리를 목적으로 하는 '제1철학'이 아니라 인간의 다양한 언어 활동의 '장점과 단점을 비교하는 연구', 즉 문화 비판으로부터 탈피해야 한다고 주장했다.

로티의 프래그머티즘의 요점은 다음 세 가지로 정리된다.

① 진리, 지식, 도덕 등에 대해 '옳은가 아닌가'를 묻는 것은 무의미하다. 묻는다면 '만약 그것을 믿었다면 나는 무엇에 관련이 되는 걸까'를 묻는 것이 바람직하다.

② 마음을 '자연을 비추는 거울'이라고 하는 고전적인 견해(시각적 메타포)는 오류다. 이것이 '사랑은 미움보다 나은가' 등의 비춰내야 할 대상이 없는 문제에 적용되면 해결 불능의 의문이 생긴다. 우리의 인식 활동은 사실을 있는 그대로 정확하게 비추는 기능으로서가 아니라 '만약 그렇다고 믿는다면 우리는 무엇을 해야 할까'라는 사회적 실천으로서 파악되어야 한다.

③ 가설의 탐구에는 일체의 제약이 없다. 아무리 '이것이 진리다'라고 생각해도 그것에 대한 '이의신청objection'의 가능성은 항상 있다.


우리는 항상 뭔가에 대해 고민하는 경우에 '그 대답은 어딘가에 있는 게 아닐까' 혹은 '그것은 과연 옳은 걸까' 등으로 생각하는 경향이 있다. 그렇지만 그런 사고방식은 로티의 프래그머티즘에 의하면 아무런 유용함도, 활용성도 없다. 그런 경우 우리는 '옳은 대답이 혹시 있다면 그것은 내게 무엇을 가져다줄까' '만약 올바른 답이 있다면 그에 대해 나는 무엇을 해야 할까'라고 생각하고 거기서부터 도출되는 성과를 사회 안에서 실천해봐야 한다.

기대가 크면 실망도 큰 법이라고 걱정하는 사람이 있을지 모르

하룻밤에 읽는 서양철학

지만, 바로 그것이야말로 부정적인 발상이다. 그런 발상도 떨쳐버릴 정도의 굳건한 신념을 가져보자. '할 수 있다! 할 수 있다! 나는 할 수 있다! 반드시 할 수 있다!' 이것이 바로 아무도 부정할 수 없는 궁극의 진실이다.

# 현대 철학의 흐름

(1850년 ~ 1960년)

## 키르케고르

- 실존에 대한 사색 → '신 앞에 선 단독자'
- '절망을 아는 것은 덜 절망스럽다' : 죽음에 이르는 병
- **실존주의**

## 니체

- '신은 죽었다' → 영겁회귀를 깨달은 초인 소망
- 주인이 되고자 하고, 그 이상이 되길 원하며,
  더욱 강해지기를 : **힘에의 의지**

## 프로이트

- **정신분석**
- 무의식 속에서 초자아를 발견하라
- 나도 모르는 나를 제어하는 자율훈련법

## 후설

- **현상학**
- 수학적 법칙과 과학적 논리
- 의식의 환원

## 하이데거

- **세계-내-존재**
- 존재하는 것이 무엇인지 묻는 존재
  : 현존재의 분석

## 사르트르

- **실존주의**
- 실존은 본질을 앞선다
- 사회와 정치에 참여하는 존재의 중요성
  : **앙가주망**

## 메를로퐁티

- 후설의 현상학 계승, 비판, 발전
- 신체는 주관이며 객관이다
  : **현상야**

## 비트겐슈타인

- **기호논리학**
- '말할 수 없는 것에는 침묵해야 한다'
- 기존의 철학을 언어로 분석, 비판

## 소쉬르 — 레비스트로스

- **구조주의**
- 언어의 의미와 뜻과 기호를 구분하다
  → 생각 또한 같은 구조다(규칙의 발견)

## 마르크스

- 헤겔의 변증법 수용,
  노동과 물건과 사람의 관계
- 경제적 기초의 변혁아 상부 구조 전체를
  변화시킨다(혁명) : **사적유물론**

## 알튀세르

- **인식론적 절단**
- '마르크스주의'
- 구조주의적 방식을 통한
  마르크스의 사상 재해석

## 데리다

- 후기구조주의(해체주의)
- **에크리튀르 강조**
- 자의식과 이기주의로부터의 해방
  : 차연과 탈구축

## 들뢰즈

- 프랑스 대표 철학자 3인(푸코, 라캉)
- '이데아는 차이를 차별로 만든다'
- **'욕망하는 기계'**를 만드는 자본주의
  : 《앙티 오이디푸스》

## 퍼스

- 실용주의 철학
- 프래그머티즘
- 의심에서 믿음으로
  나아가라
- 실천→꿈

## 제임스

- 타인이 어떻게
  생각하든 효과가
  있었다면 그것은
  진실이다 : '믿는 의지'

## 듀이

- '지식은 도구다'
- 가치 판단은
  사실 판단으로부터

## 로티

- 옳은 대답이 내게 주는
  '가치' 강조
- 진리는 당장의 신념에
  따른다

하룻밤에 읽는
## 서양철학

**1판 1쇄 발행**  2003년 10월  9일
**2판 1쇄 발행**  2010년 11월 29일
**3판 1쇄 인쇄**  2019년  8월 23일
**3판 3쇄 발행**  2022년  3월 30일

**지은이** 토마스 아키나리
**옮긴이** 오근영

**발행인** 양원석
**편집장** 박나미
**책임편집** 이정미
**영업마케팅** 조아라, 신예은, 이지원

**펴낸 곳** ㈜알에이치코리아
**주소** 서울시 금천구 가산디지털2로 53, 20층 (가산동, 한라시그마밸리)
**편집문의** 02-6443-8827  **구입문의** 02-6443-8838
**홈페이지** http://rhk.co.kr  **등록** 2004년 1월 15일 제2-3726호

ISBN 978-89-255-6751-8 (03100)